体育管理信息系统的设计与开发

TIYU GUANLI XINXI XITONG DE
SHEJI YU KAIFA

邓 峰 著

中国农业出版社
北 京

前 言 FOREWORD//////////

　　21世纪是大数据的时代、人工智能的时代、物联网的时代，体育与信息技术的结合愈发紧密。运动员科学训练方式的分析与探索、体育赛事的自动编排与组织、科学体育健身方式的提炼、智慧体育场馆的管理等体育的方方面面都离不开计算机、数据挖掘、人工智能、互联网。随着物联网的逐步成熟，智慧场馆、智能健身、智能训练、智能销售等体育管理信息系统将为运动员和大众提供最为先进的体育服务、最符合需求的体育产品。

　　如何设计和开发符合用户要求的体育管理信息系统？专业的计算机软件开发公司和开发人员必须深入调查体育系统的组织架构和业务流程，了解体育系统的数据特点，分析体育系统的用户需求，提出系统的逻辑方案，确定体育系统的数据流程。在此基础上，他们再确定系统的物理配置方案设计、功能结构设计、数据库设计、代码设计、输入输出设计、界面设计，最后编写程序实现设计方案。

　　体育管理信息系统是管理信息系统在体育方面的应用。因而，本书首先阐述了管理信息系统设计与开发的主要内容和工作要求，然后以体育管理信息系统的应用案例说明体育管理信息系统设计与开发中应解决的应用问题，提出体育管理信息系统开发的流程。

　　本书内容按照管理信息系统开发的常用思路和流程来安排，主要分为体育管理信息系统介绍、体育管理信息系统设计与开发、体育管理信息系统的发展应用三个部分，共八章内容。第一部分（第一章）介绍了信息、系统、管理信息系统、体育管理信息系统的基本概念，以及体育管理信息系统的应用方向。第二部分（第二、三、四、五章）从系统开发、系统分析、系统设计、系统实施与维护四个方面分析了体育管理信息系统的设计与开发过程。第三部分（第

六、七、八章）阐述了体育管理信息系统的发展及应用，如与决策支持系统融合构成体育智能决策信息系统、与数据挖掘融合构成智能体育商品销售系统、与物联网融合构成智慧体育系统等。

在撰写本书过程中，参考了张永安教授、谭建湘教授的宝贵意见，在此表示衷心感谢。非常感谢范莉莉、柯雄文在体育管理信息系统设计思路上提供的帮助，也特别感谢自己家人对我撰写工作的支持。

本书内容融合了近十年来个人在体育管理信息系统方面的研究成果，由于能力有限，只能探索体育管理信息系统之冰山一角，其中还有许多不足之处，敬请读者指正。

著　者

2023 年 9 月

目 录 CONTENTS ///////////

第一章
CHAPTER ONE
体育管理信息系统概述

第一节　信息和系统

一、信息

（一）信息的概念

1948 年，信息论的创始人克劳德·艾尔伍德·香农在《贝尔系统技术杂志》（*Bell System Technical Journal*）杂志上发表了两篇文章，阐述了信息的定义。香农提出，信息是在一种情况下能减少不确定性的事物。现代学术界普遍认为，信息是可通信的、客观的、有意义的、有组织的、有序的、减少不确定性的事实。

与信息有关的几个概念包括数据、认识、消息、情报、知识等，它们与信息有一定联系，但都不是信息。

1. 数据

数据是指记录下来可以被鉴别的符号。数据本身没有意义，但具有客观性。数字、文字、声音、图表等都是数据。数据经过处理仍然是数据，只有经过解释才能成为信息。对于同样的数据，不同的人可以有不同的解释，不同的解释往往来自不同的背景和目的。因此，信息是对数据的解释，具有主观性。

2. 认识

认识是指人对客观事物的了解程度。信息是对客观世界各种事物的特征的反映。客观世界中任何事物都在不停地运动和变化，呈现出不同的特征。这些特征包括事物的有关属性状态，如时间、地点、程度和方式等。人们对事物的了解一般会经过从模糊到逐步清晰、从局部到全面的过程，因此可以认为，信息是认识的增量。

3. 消息

消息一般是指报道事情的概貌而不讲述详细的经过和细节，以简明的文字迅速及时地报道最新事实的短篇新闻宣传文书，是最常见、最经常采用的新闻体裁。

4. 情报

情报是指为实现主体某种特定目的，有意识地对有关的事实、数据、信息、知识等要素进行劳动加工的产物。目的性、意识性、附属性和劳动加工性是情报最基本的属性，它们相互联系、缺一不可。情报的其他特性则都是这些基本属性的衍生物。

5. 知识

知识是指人类在实践中认识客观世界（包括人类自身）的成果，它包括事实、信息的描述和在教育与实践中获得的技能。

（二）信息的特性

1. 真实性

信息是符合事实情况的，不是任意捏造的。如果信息失去真实客观性，就失去了其核心价值，就没有任何意义。

2. 时效性

信息都具有一定的时效性，信息发出并传播至所有人需要一定时间。信息被知道得越早，时效性就越强，价值就越高；信息被知道得越晚，时效性就越弱，价值就越低。

3. 不完整性

在现实中，由于人们认识的局限性，客观事实的信息总是不能完全得到的。人们只能根据正确的数据收集方式，收集大量的数据，采用适当的分析方法，才能得到较为确切和全面的信息。

4. 等级性

处于不同级别的管理者所需要和使用的信息是不同的，与之相对应的信息也是存在等级的。高层管理者所需要的战略级别的信息，关系着企业的发展方向、使用的资源及方式；中层管理者使用的信息是一般是战术级的，为了完成既定目标而所需的信息；基层管理者和员工所需的信息是作业级别的，用来解决日常问题，确保完成产量、销售量等任务。

5. 价值性

信息是具有价值的，及早得到一份信息，根据信息进行产业布局、经营企业、调整部门工作目标和方式，就可能获取较大利润，减少资源浪费。因而，信息是可以转换为有价值的物质财富的。

6. 冗余性

信息的冗余性是指现实存在的信息量是非常大的，但是真正可用的、有价值的信息并不多。人们在使用信息的过程中，要对大量的信息进行分析和甄别，采用真正有价值的信息。而在信息传递过程中加入冗余信息，则有利于信息的保密。

7. 传播性

信息是可以传播的。信息传播是个人、组织和团体通过符号和媒介交流信息，向其他个人或团体传递信息、观念、态度或情意的以期发生相应变化的活动。

8. 共享性

使用恰当的传播方式能够保证信息的完整性，不会对信息造成任何损耗。因而人们可以共享有用的信息。

（三）信息的分类

1. 按管理层次，分为战略信息、战术信息、作业信息

（1）战略信息。战略信息是指国家、地方和企业通过总体筹谋策划，实现发展目标和计划的资料和数据。它包括国内外的政治、经济形势，社会未来的变化趋势，科学技术的发展动态，产业政策的调整，企业生产的经营策略，体制的转变，人口与环境的发展变化，自然和社会的变迁等。

战略信息是高层领导制定的长远计划或处理的中、长期事件，所以战略信息使用寿命长，但使用频率低，并需要高层领导人对广泛的、概括性的信息做出非结构化决策。战略信息的加工方式灵活，并且涉及企业未来的发展战略规划，所以具有机密性强、精确性低等特点。

（2）战术信息。战术信息是指企业中层管理者通过局部管理控制，合理编制和有效利用资源，达到预定目的的方法。它包括系统内部各种固定数据、历史和现实资料的组织与获得，以及一些特定的外部信息等。

战术信息是中级领导对中期计划目标的确定，所以战术信息使用寿命较长，使用频率较高，并需要中级领导人对采集于系统内部、具有较强综合性的信息做出半结构化决策。战术信息的加工方式较灵活，涉及企业各阶段的管理控制，所以具有机密性较强、精确性较高等特点。

战术信息与战略信息在不同层次和不同类型的体系中的界定不同。例如，对于市场某物品的供求变化和发展趋向，站在一个国家或地区层面看是比较具体的战术信息；站在企业角度来说，它可能关系到企业的发展方向甚至生存，是一个战略信息。

（3）作业信息。作业信息是指与日常管理活动有关的具体业务、生产过程和办公服务等的，以保证业务高效有序进行的数据记录。它包括工资条、购货清单、成本核算、销售额等。作业信息主要是内部信息，但随着生产和产品转向服务和客户，也越来越多的包括与内部信息有关的外部信息。

作业信息是现场管理人员实施的具体的管理活动，每笔业务的处理时间较短，所以作业信息使用寿命就很低，而每个业务的处理规则一般都是固定的工作流程，所以使用频率很高，并需要现场管理人员对采集于系统内部、详细、确定的信息做出结构化决策。战略信息的加工方式不灵活，并且涉及企业各阶段的具体操作阶段，必须保证是精确的，所以具有机密性低、精确性高等特点。

2. 按应用领域，分为管理信息、社会信息、科技信息

（1）管理信息。管理信息是指企业在日常生产经营过程中收集的各种数据，以文字、数字、图表、音频等形式进行处理和说明，能够反映企业各项经营活动的进展和过程，为企业决策和管理提供参考的各种数据的总称。管理信息是信息的一个重要组成部分，也是管理信息系统的管理对象。

（2）社会信息。社会信息是符号信息，是指在生物进化过程中，人类社会出现后，对反映人类社会运动状态和运动方式的自然和社会现象的抽象。社会信息的发展可以分为以下三个阶段。

一是个体信息阶段，是指在人类早期在生产实践过程中，通过肢体和语言在人与人之间表达和传递信息的过程。

二是社会信息阶段，是指在造纸术、活字印刷术出现之后，人们用文字和纸张表达和传递信息的过程。

三是现代信息阶段，是指从现代工业社会开始，由于科学技术的飞速发展，信息手段机械化、电子化，不仅传播速度快、距离远、信息量大，而且传递方式多样。

（3）科技信息。科技信息是指与科学技术的研究、发明和应用有关的，收集和保存人类精神财富的科研成果的总称。科技信息的本质是科技知识，是帮助人们认识客观事物、启发思想、开阔视野、丰富知识的重要物质。

3. 按反映形式，分为数字信息、图像信息、声音信息

（1）数字信息。数字信息是指由"0"和"1"按照不同序列组成的能被计算机识别的二进制数字代码。它被记录在磁带、磁盘、光盘等各种传输媒介上，通过计算机输出设备和网络传输，最后显示在用户的计算机终端上。数字信息包括文字、图片、声音、动态图像等。

（2）图像信息。图像信息是指由图像特征的属性类型或数量值所提供的信息，是人脑通过对反射或光分布的印象进行处理而提取的有用信息。图像信息是最容易识别和记忆、最具表现力的视觉信息。

（3）声音信息。声音信息是指人们从自然界中各种声音源接收到的或通过特殊设备合成的声音或音乐，通过人脑的分析判断对响度、音色和音调的感知而获得信号。

二、系统

（一）系统的概念

系统（System）是指在一定环境中，为了达到某一目的而相互联系、相互作用的若干个要素所组成的有机整体。

（二）系统的特征

系统具有整体性、目的性、关联性、层次性、环境适应性等特征。

（1）整体性。一个系统由多个要素组成，所有要素的集合构成一个有机整体，缺一不可。

（2）目的性。系统的发生和发展有着强烈的目的性，是系统的主导，决定着系统要素的组成和结构。

（3）关联性。各要素之间存在着密切的联系，这种联系决定了整个系统的机制，它在一定时期内相对稳定。

（4）层次性。一个系统被包含在更大的系统中，其要素本身也可能是一个小系统。

（5）环境适应性。系统与环境相互作用、相互影响，进行物质、能量、信息交换，不适应环境变化的系统没有生命力。

（三）系统的分类

系统的分类方式很多，根据不同的分类方式，它有不同的分类结果。

1. 自然系统、人造系统和复合系统

按照组成，可将系统分为自然系统、人造系统和复合系统三大类。自然系统是客观世界自然形成的、不以人的意志为转移的系统，如血液循环系统、天体系统、生态系统等。人造系统是人类为了达到某种目的而对一系列的要素做出有规律的安排，使之成为一个相关联的整体，如计算机系统、生产系统、运输系统等。复合系统是自然系统和人造系统相结合的系统。大多数系统属于复合系统，复合系统的一个重要特征是人的参与。

管理信息系统是一个人造系统，但是它的建立、运行和发展往往不以设计者的意志为转移，而有其内在规律，特别是与开发和使用信息系统的人的行为有紧密的联系。

2. 实体系统和抽象系统

按照要素构成及其与环境之间的相互关系，又可以将系统分为实体系统和抽象系统。所谓实体系统，是指以物理状态的存在作为组成要素的系统。这些实体占有一定空间，如自然界的矿物、生物，生产部门的机械设备、原始材料等。

与实体系统相对应的是抽象系统，它是由概念、原理、假说、方法、计

划、制度、程序等非物质实体构成的系统，如管理系统、法制、教育、文化系统等。近年来，概念系统逐渐被称为软科学系统，并日益受到重视。

以上两类系统在实际中常结合在一起，以实现一定功能。实体系统是概念系统的基础，而概念系统又往往为实体系统提供指导和服务。例如，为实现某项工程实体，需提供计划、设计方案和分解目标，对复杂系统还要用数学模型或其他模型进行仿真，以便抽象出系统的主要因素，并进行多个方案分析，最终付诸实施。在这一过程中，计划、设计、仿真和方案分析等都属于概念系统。

3. 开放系统和封闭系统

开放系统是与环境之间既有能量交换又有物质交换的系统。与开放系统相异的有封闭系统和孤立系统。在客观世界中封闭系统与孤立系统的存在是相对的（绝对的阻止能量交换或者物质交换是不可能的，只能在限定程度上尽可能地降低通量，降低交换的物质能量与系统自身的物质能量的比），而开放系统的存在是绝对的。

在计算机系统中，封闭系统就是在设计时已经知道明确用途和使用情景，所以不提供扩展接口扩展软件功能。例如，神舟七号的操作系统就是封闭的，不支持安装操作系统外的扩展软件。

开放系统就像 Windows 这样，提供了可扩展的接口，方便安装软件以增强系统的功能。通常，开放系统在设计时并不知道用户的使用情景，所以要方便扩展。

第二节　信　息　系　统

一、信息系统的概念

组织中的各项活动表现为资源的流动，如物流、资金流、业务流和信息流等。物流是实物的流动过程，原材料的采购、物资的运输、产品制造、产品销售都是物流的表现形式。资金流是伴随物流而发生的资金流动过程。业务流是各项管理活动的工作流程，如原材料进厂的验收、登记、开票、付款等流程。信息流伴随以上各种流的流动而流动，是对其他流的表现和描述，可用于掌握和控制其他流运行。

信息系统具有和普通系统一样的特征，其主要目的是把数据转换成信息。信息系统包括信息处理系统和信息传输系统两个方面。信息处理系统对数据进行处理，使它获得新的结构与形态或者产生新的数据。例如，计算机系统就是一种信息处理系统，通过它对输入数据的处理可获得不同形态的新的数据。信息传输系统不改变信息本身的内容，而只是把信息从一处传到另一处。因而，信息系统是输入数据、经过处理输出信息的系统，主要功能有输入、输出、存储、加工处理、传输。信息系统运行的基本模式如图1-1所示。

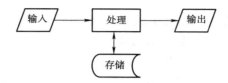

图1-1　信息系统运行的基本模式

（一）数据的采集和输入

信息系统的首要任务就是把分散在组织内外的数据收集并记录下来，整理成信息系统所要求的格式和形式。数据采集有两种类型：根源性采集和来源性采集。根源性采集是从实际系统现场采集的原始数据；来源性采集是从已有的资料中获得的资料。数据采集的方式有人工采集、自动采集两种。人工采集就是用户将信息录入系统；自动采集是系统在运行过程中自动记录和从其他系统中导入数据。

（二）信息的传输

信息的传输贯穿整个信息系统。采集的数据被传输到信息处理模块，处理过的信息被传递到存储模块和输出模块。

（三）信息的加工处理

信息的加工处理有数学运算和逻辑处理两种方式。数学运算是按照管理科学所提供的各种数学模型与方法对数据进行计算；逻辑处理包括数据的分类、排序、汇总、插入、删除、修改以至判断、推理、决策等。

（四）数据存储

数据存储模块常以数据库的形式存在，保存经过处理的数据或者原始数据。数据库由不同类别的数据表组成，保存结构化数据和非结构化数据。

（五）信息输出

经过数学模型和逻辑模型处理后得到有价值的信息，经由信息输出模块推送给用户。输出的信息经常以形象的统计图和统计表来表示。信息输出的端口是多样化的，主要有计算机、手机、电视等。

由此可知，信息系统是一个由人、硬件、软件和数据资源组成的人造系统，目的是及时、准确地收集、加工、存储、传递和提供数据，对组织的各项活动进行调节和控制。

二、信息系统的类型

按照处理的对象，可把组织的信息系统分为作业信息系统、管理信息系统、决策支持系统三类。

（一）作业信息系统（Job Information System，JIS）

作业信息系统的任务是处理组织的业务、控制生产过程和支持办公事务，并更新有关的数据库。通常由以下三部分组成。

（1）业务处理系统。业务处理系统的目标是迅速、及时、正确地处理大量信息，提高管理工作的效率和水平。如产量统计、成本计算和库存记录等。

（2）过程控制系统。它主要指用计算机控制正在进行的生产过程。例如，炼油厂通过敏感元件对生产数据进行监测，并予以实时调整。

（3）办公自动化系统。这是以先进技术和自动化办公设备（如文字处理设备、电子邮件、轻印刷系统等）支持人的部分办公业务活动的信息系统。这种系统较少地涉及管理模型和管理方法。

（二）管理信息系统（Management Information System，MIS）

管理信息系统是对一个组织进行全面管理的人和计算机相结合的系统，它综合运用计算机技术、信息技术、管理技术和决策技术，与现代化的管理思想、方法和手段结合起来，辅助管理人员进行管理和决策。管理信息系统不仅是一个技术系统，同时又是一个社会系统。

（三）决策支持系统（Decision Support System，DSS）

决策支持系统是在人和计算机交互的过程中帮助决策者探索可能的方案，为管理者提供决策所需信息，把数据库处理与经济管理数学模型的优化计算结合起来，具有管理、辅助决策和预测功能的系统。

三、信息系统的发展

（一）电子数据处理系统（Electronic Data Processing System，EDPS）（20 世纪 50 年代初期至 70 年代中期）

电子数据处理系统是信息系统的初级形式，就是计算机简单地处理数据。该业务系统支持的是业务处理层面的日常操作，如业务数据的记录、汇总、综合和分类等。电子数据处理系统的输入往往是原始单据，输出则是分类数据或汇总报表等，充分利用了计算机存储大量数据的能力和快捷性，减少了业务人员大量的重复性工作。电子数据处理系统又分为单项数据处理阶段和综合数据处理阶段。

1. 单项数据处理阶段（20 世纪 50 年代初期至 60 年代中期）

用计算机部分代替手工劳动，进行一些简单的单项数据处理工作，如工资计算、统计报表、发放凭证等，相对于管理人员的手工劳动，能有效地提高数据处理的效率；但对于原始数据的收集，仍然需要人工来完成，然后间隔一定的时间集中一批数据，记录在信息载体上，再输入计算机处理。虽然计算机能够对人工收集和填入的信息进行分类和汇总，但对于收集及输出结果的判断和分析等工作仍由人工来完成。计算机只是局部地代替了管理人员的手工劳动，有效地避免出现人为的计算错误，提高准确性和及时性，使部分管理工作的效率有所提高。对于数据的储存和管理，利用计算机的储存功能，可以降低数据处理和储存的成本，并且可以提高安全防护力。但这一阶段的计算机在功能上不能对数据进行管理，因为数据和程序之间都是相互独立的、无关的，所以修改数据必须要修改程序。

2. 综合数据处理阶段（20 世纪 60 年代中期至 70 年代初期）

一台计算机带动若干终端，可以对多个过程的有关业务数据进行综合处理，并且有一定的反馈功能，计算机技术在这一阶段有了很大的发展，出现了大容量直接存取的外存储器。它主要用于统计仓库的日常收发料量、安排采购和订货计划等库存管理上，能够计算经济订货批量，制定各种物料的储备定额，记录、保存精确的数据，并能减少库存，当库存量达到订货点时，能够及时地提出订货要求。此阶段的数据处理方式以实际操作为主，并能够随机地对数据进行储存和处理，定期生成常规报告进行监督和检查，还可提供技术问题的解答，从而提高工作效率。这时的数据不再是程序的组成部分，修改数据不再需要修改程序；数据被储存在外存储器上，有结构、有组织的构成可以反复使用和保存的文件。程序也已构成了一个系统，通过一系列复杂的文件处理技术对数据进行内外存储和交换，并进行管理、计算和控制。由于文件系统能被灵活地使用，数据库管理软件又较为简洁，所以它们被广泛应用于各个领域。

（二）管理信息系统（Management Information System，MIS）（20 世纪 70 年代初期至今）

数据库技术和网络技术的发展，使企业的全面管理成为可能。在企业管理中，计算机是高度集中和充分利用的，它可以向各职能部门提供生产计划、财务计划、采购计划等，监督检查计划的执行情况，并将计划进行比较，便于管理者及时控制，使各项业务都能正常进行。通过不同地区的计算机互联，数据和信息可以跨地区传输，从而快速高效地处理和共享信息。运用现代数学方法、统计方法或模拟方法等，可以根据现有的技术来预测未来。通过将信息处理功能与科学的管理理论和方法相结合，从大量的数据中得出相关问题的最优解，为高层管理者提供信息支持、组织运行管理和决策建议，通过合理有效地利用资源获得最大的价值。

（三）决策支持系统（Decision Support System，DSS）（20世纪70年代中期至今）

决策支持系统是指在管理信息系统的基础上开发的系统，利用人机对话的有效形式，帮助决策者发现和分析问题。这一系统主要利用数据和模型进行决策分析和研究，但需要模型库的支持。它便于非计算机专业人员以人机交互对话的方式使用，并利用人们丰富的经验、计算机的高速处理和大的存储容量，提出了各种可能的解决方案供充分利用，并解决问题。它可以为管理者的决策提供必要和有用的信息，为半结构化和非结构化决策提供支持。决策系统提供支持而不是替代高层管理人员做决策，以便提高决策的科学性和准确性。决策支持系统可分为以下四类。

（1）群体决策支持系统（Group Decision Support System，GDSS）。群体决策支持系统可以提供三个层次的决策支持。第一层次是消除决策者之间的沟通障碍，从而有效地沟通信息，并在大屏幕上及时显示各方意见，如俗称的"电子会议系统"。其目的是促进成员之间的信息交流，统一决策。第二层次是决策分析建模和分析判断方法的选择技术。这类系统中的决策者经常面对面地工作，共享信息，共同制订计划。第三个层次是以上两个层次的结合，包括专家咨询和会议规则安排，利用计算机了解小组的沟通方式。

（2）分布式决策支持系统（Distributed Decision Support System，DDSS）。分布式决策支持系统能够为结点提供通信机制和手段，支持人机交互和机机交互等，具有良好的资源共享能力，能对结果提供解释。

（3）智能决策支持系统（Intelligence Deeision Support System，IDSS）。智能决策支持系统是人工智能的知识推理技术与决策支持系统的结合。

（4）智能—交互—集成化决策支持系统（Intelligent-Interactive-Integrated Decision Support System，3IDSS）。智能—交互—集成化决策支持系统是系统分析、运筹学方法、计算机技术、知识工程、人工智能等的有机结合。通过人机交互，可以充分发挥各自的优势，从而产生决策方案并对决策方案进行综合评价，实现决策支持过程的集中化。

第三节　管理信息系统

一、管理信息系统的定义

管理信息系统（Management Information System，MIS）综合了组织理论、会计学、统计学、数学模型及经济学的有关内容，并展示在先进的计算机硬件和软件系统中。关于管理信息系统的概念，主要有以下五种观点。

（1）管理信息系统能够提供过去、现在和将来预期信息，并且这些信息涉及组织内部业务和外部情报。它按适当的时间间隔供给格式相同的信息，支持一个组织的计划、控制和操作功能，以便辅助决策的制定过程。

（2）管理信息系统是一个全面使用现代计算机技术、网络通信技术、数据库技术和管理科学、运筹学、统计学、模型论及各种最优化技术，为经营管理和决策服务的人机系统。

（3）管理信息系统是一个由人、计算机等组成的，能进行管理信息收集、传递、储存、加工、维护和使用的系统。

（4）管理信息系统是为决策科学化提供应用技术和基本工具，为管理决策服务的信息系统。

（5）管理信息系统不仅是技术系统，也是一个社会技术系统。

管理信息系统是一个演进中的概念，目前研究的重点是从数据处理转向决策，从技术方法转向组织管理，从系统本身转向系统与组织管理和环境的交互作用。

二、管理信息系统的特点

（一）面向管理决策

管理信息系统是继管理学的思想方法、管理与决策的行为理论之后的一个重要发展，是一个为管理决策服务的信息系统。它必须能够根据管理的需要，及时提供所需要的信息，帮助决策者做出决策。

（二）综合性

从广义上说，管理信息系统是一个对组织进行全面管理的综合系统。一个组织在建设管理信息系统时，可根据需要逐步应用个别领域的子系统，然后进行综合，最终达到应用管理信息系统进行综合管理的目标。管理信息系统综合的意义在于产生更高层次的管理信息，为管理决策服务。

（三）人机系统

管理信息系统的目的在于辅助决策，而决策只能由人来做，因而管理信息系统必然是一个人机结合的系统。在管理信息系统中，各级管理人员既是系统的使用者，又是系统的组成部分，因而，在管理信息系统开发过程中，要根据这一特点，正确界定人和计算机在系统中的地位和作用，充分发挥人和计算机各自的长处，使系统整体性能达到最优。

（四）现代管理方法和手段相结合

如果只是简单地采用计算机技术以提高处理速度，而不采用先进的管理方法，那么管理信息系统的应用仅仅是用计算机系统仿真原手工管理系统，充其量只是减轻了管理人员的劳动，管理信息系统要发挥其在管理中的作用，就必须与先进的管理手段和方法结合起来，因此在开发管理信息系统时，还要融进现代化的管理思想和方法。

（五）多学科交叉的边缘科学

管理信息系统作为一门新的学科，其理论体系尚处于发展和完善的过程中。早期的研究者从计算机科学与技术、应用数学、管理理论、决策理论、运筹学等相关学科中抽取相应的理论，使之构成管理信息系统的理论基础，从而形成一门有着鲜明特色的边缘科学。

三、管理信息系统的发展

管理信息系统是一种信息系统，用于决策、协调、控制和分析信息可视化中的组织。管理信息包括信息收集、信息传递、信息存储、信息处理、信息维护和信息使用。完善的管理信息系统应具备以下四个标准：确定信息需求、收集和处理信息、通过程序向管理者提供信息、管理信息。

管理信息系统的研究涉及组织环境中的人员、流程和技术。在公司环境中，使用管理信息系统的最终目的是增加企业的价值和利润。通过向管理人员提供及时和适当的信息，使他们能够在较短的时间内做出有效的决定，从而实现企业的管理。

（一）第一个时代——大型机和微型计算机

第一个时代（大型机和微型计算机）是由 IBM 及其大型机提供的，它们为其提供了硬件和软件。这些计算机通常会占用整个房间，并需要团队来运行。随着技术的进步，这些计算机能够处理更大容量的数据，因此降低了成本。体积更小、价格更便宜的小型计算机使大型企业可以在内部、现场、本地运行自己的计算中心。

（二）第二个时代——个人计算机

第二个时代（个人计算机）始于 1965 年，当时微处理器开始与大型机和微型计算机竞争，并加速了将计算能力从大型数据中心分散到小型办公室的过程。在 20 世纪 70 年代后期，微型计算机技术让位给个人计算机，而此时相对廉价的计算机成为大众市场的商品，从而使企业能够为其员工提供在此十年前需要花费数万美元的计算能力。计算机的激增为互联网络和 Internet 的普及创造了现成的市场。第一个微处理器是用于可编程计算器的四位设备，于 1971 年问世，基于微处理器的系统几年来一直不可用。MITS Altair 8800 是第一个众所周知的基于微处理器的系统，紧随其后的是 Apple I 和 Apple II。但是，直到 1979 年，基于微处理器的系统才开始对微型计算机的使用产生重大影响。VisiCalc 提示其运行的 Apple II 的销售记录。1981 年推出的 IBM PC 在业务上更具吸引力，但它的局限性表现在限制了它挑战微型计算机系统的能力，直到 20 世纪 80 年代末 90 年代初。

（三）第三个时代——客户/服务器网络

在第三个时代（客户端/服务器网络）出现的技术复杂性增加，成本下降，以及最终用户（现在的普通员工）需要一个系统在企业内部与其他员工共享信息。公用网络上的计算机共享服务器上的信息，这使得成千上万的人可以同时访问称为 Intranet 的网络上的数据。

（四）第四个时代——企业计算

高速网络支持的第四个时代（企业计算）将原始部门特定的软件应用程序整合到称为企业软件的集成软件平台中。这个新平台将商业企业的各个方面联系在一起，提供了包含完整管理结构的丰富信息访问权限。

（五）第五个时代——云计算

第五个时代（云计算）是一种基于互联网的计算方法，它统一了大量连接到网络的计算资源的管理和调度。它使各种应用系统能够按需获得计算能力、存储空间和信息服务，形成计算资源池，按需服务用户。

尽管管理信息系统可以用于任意级别的管理，但实施哪种系统的决定通常取决于首席信息官（CIO）和首席技术官（CTO）。这些人员通常负责组织的整体技术战略，包括评估新技术如何帮助其组织。他们在新管理信息系统的实施过程中担任决策者。

一旦做出决定，信息技术主管（包括管理信息系统主管）将负责系统的技术实施工作。他们还负责实施影响管理信息系统的策略（CIO 或 CTO 传承的新的特定策略，或使新系统与组织的整体信息技术策略保持一致的策略）。通过协调信息技术活动，确保数据和网络服务的可用性以及所涉及数据的安全性也是他们的职责。

在实施后，分配的用户将具有对相关信息的适当访问权限。注意，并非每个将数据输入到管理信息系统的人都必须是管理级别的。尽管非管理人员很少访问这些系统提供的报告和决策支持平台，但是通常由非管理人员进行数据到管理信息系统的输入。

以下是用于创建报告、提取数据并协助中级和运营级经理进行决策过程的信息系统类型。

（1）决策支持系统（Decision Support System，DSS）是一种供中、高级管理人员使用的计算机应用程序，可以从各种来源收集信息，以支持问题解决和决策。决策支持系统主要用于半结构化和非结构化的决策问题。它为决策者分析问题、建立模型和制定解决方案提供了一个环境。非计算机专业人员很容易学会使用这一系统。

（2）高管信息系统（Executive Information System，EIS）是一种报告工具，可以快速获取公司各级、各部门（如会计、人力资源、运营等）的摘要报告。它能全面展示企业的情况，提供专有的窗口，统一信息平台，直观快速地呈现所需信息。

（3）营销信息系统（Marketing Information System，MIS）是一个专门用于企业营销管理的管理信息系统，由人、机器和计算机程序组成，用于定期、有计划地收集、分类、分析、评估和处理信息。在流程的最后，它可以有效地为企业管理者提供有用的信息，便于管理者进行分析和决策。

（4）会计信息系统（Accounting Information System，AIS）是一个集中的会计功能。它利用信息技术有计划地收集、处理和存储会计信息，将会计数据转化为信息，为会计管理和分析提供资料，使数据信息直观、系统地展现出来，有利于处理、管理和控制。

（5）人力资源管理系统（Human Resource Management System，HRMS）用于人员管理方面。帮助管理者有效管理人员，优化资源配置，降低成本，实现效益最大化，提高员工满意度、幸福感和忠诚度，从而提高员工的绩效和贡献，使员工能够为企业创造更多的价值，提高企业的内部价值，为企业带来更高的利润。

（6）办公自动化系统（Office Automation System，OAS）通过自动化工作流消除瓶颈来支持企业中的通信和生产力。OAS 可以在任何和所有管理层实施。通过现代化的通信和设备，利用信息技术取代传统的办公设备，实现数字化办公，优化各种管理和组织结构，调整管理体制，实现信息资源的高利用率，高质量、高效率地处理各种办公事务，提高协同办公能力，最大限度地提高工作效率和质量，从而提高工作效率和辅助决策。

（7）学校信息管理系统（School Information Management System，SIMS）涵盖学校管理，通常包括教学材料。它是对学校信息的综合管理。强大的数据处理功能可以记录和存储学校的各种信息数据，方便调用和管理，减少管理人员的劳动，节省大量时间，同时有助于对各种信息进行分类和检索，方便学校的信息管理。

（8）企业资源计划（Enterprise Resource Planning，ERP）可促进组织边界内所有业务职能之间的信息流，并管理与外部利益相关者的联系。ERP 提供集成的软件模块和统一的数据库，供人员用来跨多个位置计划，管理和控制核心业务流程。ERP 系统的模块可以包括财务、会计、市场营销、人力资源、生产、库存管理和分配，系统本身具有严格的内部控制系统。

（9）供应链管理（Supply Chain Management，SCM）系统通过将链接整合到供应链中来实现对供应链的更有效的管理。这可能包括供应商、制造商、批发商、零售商和最终客户。这一系统使供应链运作以最低的成本实现最高的利润，从采购到客户满意的全过程，使企业能够缩短资金流动时间，实现利润增长，降低企业面临的风险，提供可观的收益。

（10）客户关系管理（Customer Relation Management，CRM）系统可帮助企业跨市场销售和服务，管理与潜在客户和当前客户以及业务合作伙伴的关系。为了争夺更多的客户，利用相应的互联网信息技术协调企业与客户，深入分析客户资料，并尽可能多地获得客户信息，在营销、销售和服务中为客户提供个性化、创新化的流程，不断提高客户满意度，吸引新客户，留住老客户，从而提高企业的核心竞争力，增加市场占有率。

（11）知识管理系统（Knouledge Management System，KMS）帮助组织促进知识的收集、记录、组织、检索和传播。这可能包括文件、会计记录、未记录的程序、做法和技能。知识管理（KM）作为系统，涵盖了从内部流程和外部世界进行知识创建和获取的过程。所收集的知识被纳入组织的政策和程序，然后分发给利益相关者。在计算机系统的支持下，可以对组织中的大量信息进行分类、管理和存储，帮助企业评估知识资产的数量、利用率和增长率，促进知识的学习、创新、重用和共享，有效降低企业的运营成本，增强企业的核心竞争力。

（12）电子商务管理系统（E‐commerce Management System）支持在互联网上进行交易，基于电子商务，交易双方在空间上是分离的。该系统提供了相应的货物配送、支付和结算手段，保证交易双方进行平等、自由、互利的交易。双方通过数字化的渠道，提供相应的货物配送和网络支付手段技术，保证交易的顺利进行。

四、管理信息系统的利弊

从目前看来，使用管理信息系统对组织大有裨益。随着计算机软件和硬件技术的发展，组织信息化、智能化以不可阻挡之势发展起来。

使用管理信息系统的优点有以下方面：管理信息系统作为一种沟通和计划的工具，利用计算机等信息设备提供公司的整体情况，大大提高了组织的运行效率。现有的收入报告和员工绩效记录以及其他信息可以帮助公司确定自己的优势和劣势。通过对客户可用性数据的分析和反馈，帮助企业根据客户需求调整业务流程。有效的客户数据管理可以帮助企业开展直销和促销活动。识别有效的客户数据可以帮助公司改进其业务流程和运营。通过有效的组织和控制，使现有产品增值，有效利用和掌握信息，减少运营项目的停工期，进行技术创新和新产品开发，帮助公司获得竞争优势，提供各种问题解决方案，帮助管理者做出更好的决策。

然而，管理信息系统对信息的检索和传播的效率取决于技术硬件和软件的好坏。管理信息系统不仅是一个技术系统，也是一个社会系统。要提高科学管理水平，尽量减少信息不准确的可能性。使用管理信息系统的管理模式与旧系统有很大的不同，需要用户改变观念和方法来适应新的管理模式。

第四节　体育管理信息系统

体育管理信息系统是管理信息系统在体育方面的应用。随着计算机软件技术和硬件技术、网络技术、通信技术的发展，这些高新技术在体育科学研究、体育训练、体育产业管理方面的应用越来越广泛。IT 和体育的结合促成了体育管理信息系统的形成。因而，体育管理信息系统是收集、存储、处理体育数据以辅助体育从业人员处理业务、做出决策的管理信息系统。在体育行业中，具有独特的体育特色的管理信息系统主要有健身房管理系统、体育赛事管理系统、体育场馆管理系统、体育训练管理系统、全民健康管理系统等。

一、健身房管理系统

健身行业是当今世界上发展最快、行业规模较大的体育服务业。健身房管理系统在健身行业中得到了广泛的应用，是最为简单的、与其他行业管理信息系统比较相似的管理信息系统。

健身房管理系统用于健身房的日常管理和营销管理，主要功能有会员管理、课程管理、场馆管理、员工管理、客户管理等。健身房管理系统的目标是帮助健身房留住客户、增加场馆利用率，降低运营成本和增加收入。

会员管理的主要功能有会员信息的录入与查询、会员课程安排、会员体测管理、会员签到管理、会员消息提醒等。

课程管理的主要功能有团课管理、私教管理、课程预约、课程安排、课程提醒等。

场馆管理的主要功能有场馆设置、器材管理、租柜管理、门禁卡管理、授课场地安排等。

员工管理的主要功能有员工录入与编辑、角色权限、工资设置、请假管理、部门管理等。

客户管理的主要功能有客户录入与编辑、客户高级查询、客户跟进录入、客户跟进查询、客户跟进统计、客户数据导出等。

二、体育赛事管理系统

体育赛事行业在发达国家是一类非常成熟的体育服务业。在美国，体育赛事行业的营业收入都远远超过好莱坞影视产业和汽车产业的收入。许多 IT 公司进入赛事行业，为赛事行业提供管理信息系统服务。

自 2013 年以来，微软一直提供各项技术来帮助美国国家橄榄球联盟（Nation Football League，NFL）推进变革。Surface 已经迅速成为橄榄球比赛中的可靠工具，而且在所有 NFL 赛事中成为对教练、球员和 NFL 官员较为重要的工具。NFL 以现代化方式改进通信和协作，改进选秀和球探的业务运作。目前 32 个 NFL 球队都将使用 Microsoft Teams。该服务使联盟中的各组织可以连接到一个通信中心，完成呼叫、聊天、会议，通过 Android、iOS、Mac 和 Windows 设备上的内部日历和文档可以详细了解日程安排。

体育赛事管理系统的主要功能有赛事编排、赛事提醒、赛事辅助决策、运动员管理、裁判员管理等。

赛事编排的功能可以自动编排赛事日程、安排场馆、分配裁判。每种运动项目都有自己的特点，要求的时间、场地都不相同。赛事一般集中在几天、十几天内完成，赛事日程安排非常紧凑，需要充分利用时间和场地。要保证赛事有条不紊地开展并照顾每个运动员和裁判的体力恢复情况，所以赛事编排是一个技术含量高、难度大的业务工作。赛事编排系统将根据运动员和裁判的需求、时间和场地的限制，自动编排赛事日程、安排场地。

赛事提醒是较为容易的工作，现有的赛事系统中已经配备了比较成熟的赛事提醒功能。赛事日程和场地安排好之后，系统就会提醒运动员、教练员、裁判员将要参与的赛事的信息。

赛事辅助决策系统是赛事系统中最接近人工智能的功能。在比赛过程中，教练员要根据运动员的场上表现不断调整战术以赢得比赛。例如，在篮球比赛中，教练员需要收集运动员的上场信息、判罚信息、投球信息、得分信息、位置信息等，根据这些信息来判断下一步应采取何种战术。赛事决策系统不断收集赛场上运动员的各种信息，采用数据挖掘、人工智能、决策模型处理赛场信息，给教练提供决策参考。

运动员管理系统管理运动员的基本信息、身体生理机能信息、运动技能信息、参赛信息等。该功能可以让赛事的组织者和裁判员查询运动员信息，以便有秩序地安排赛事。

裁判员管理系统管理裁判员的基本信息、裁判场次、裁判状态等信息。该系统可以辅助赛事组织者选择和安排合适的裁判员，防止赛场上出现不公平的裁决和混乱的状况。

三、体育场馆管理系统

体育场馆是衡量体育产业规模的一个重要指标。在世界上的多个国家，建设体育场馆都需要耗费大量的资金，但大部分场馆建成后的利用率不高，而维修费用却非常高昂。如何提高场馆利用率、降低维护费用成为体育场馆管理的重要目标。借助计算机和网络技术，智慧体育场馆发展起来。智慧体育场馆是智能化的体育场馆管理系统。

智慧体育馆管理系统的主要功能有场馆业务管理、智慧导览、智能灯控、人流分析等。

场馆业务管理功能包括场馆基本信息的管理、场馆预约管理、场馆服务收入管理、场馆营销管理、场馆维护管理等。

智慧导览功能的主要作用是将场馆地图呈现在场馆业务 App 或电子屏上，帮助用户通过场馆的电子地图快速找到位置。

智能灯控的主要功能是根据场馆的人流量、业务活动自动调整灯光范围和亮度，降低电能消耗。

人流分析的主要功能是监控每天场馆中的人流量，可以避免场馆里人流量过大或过小的问题，分析人们喜爱的运动项目和偏好的运动时间，制定场馆错峰开放的营销对策。

四、体育训练管理系统

体育训练管理系统的用户主要是竞技体育运动的管理者，特别是职业运动员及其管理者。体育训练管理系统记录运动员的训练数据和技能数据，分析训练时间、训练强度、训练方法的效果，为教练员提供科学训练方法。

体育训练管理系统主要有体育技能训练管理系统、体能训练管理系统、体育营养管理系统三大模块。

体育技能训练系统的功能有以下方面：记录运动员每天训练的技能动作、训练次数、训练时间、技能成绩，构建体育技能成绩发展趋势图，为教练员提供可行的科学训练方法。

体育训练管理系统的功能有以下方面：记录运动员每天参与体能训练的项目、训练时间、训练强度、运动机能指标、心肺功能指标、运动损伤状况，为增强运动员的体能提供科学的训练方法。

体育营养管理系统的功能有以下方面：记录运动员每天的饮食结构、卡路里摄入量、体重等数据，为运动营养师提供科学的膳食搭配建议。

五、全民健康管理系统

为了全面建设健康中国，政府要适时监控民众的体质状况、健康状况、健身状况，为居民提供科学健身方式的指导。全面健康管理系统的主要功能有居民健身数据的录入、居民健身和健康状况的统计、科学健身方式的推荐等。

居民健身数据的录入可以采用居民自己录入或者从可穿戴健身设备信息存储器上导入的方式。在 5G 和物联网时代，智能设备可自动录入居民的健身信息。

居民健身和健康状况统计有两个功能：一是为每个居民提供各自的健身数据统计图表，让居民了解自己的健康状况；二是为政府管理人员提供管理区域内居民的健身状况统计图表，让政府管理人员能实时了解所管辖区域内居民的健康状况。

科学健身方式的推荐功能主要是采用数据挖掘技术和运动医疗方案，根据每个居民的健身和健康状况，向居民推荐个性化的、有针对性的科学健身方案，帮助居民避免由运动不当造成的肌肉和骨骼损伤以及慢性运动疾病。

第二章 CHAPTER TWO
体育管理信息系统的开发方法

第一节　管理信息系统规划的作用

一、管理信息系统规划的战略性质

管理信息系统规划通常又称管理信息系统的战略计划，是对组织总的信息系统目标、战略、信息系统资源和开发工作的一种综合性计划，属于组织对管理信息系统最高层次管理的范畴。因此，管理信息系统规划是一个组织战略规划的重要组成部分，是关于管理信息系统长远发展的规划。

二、管理信息系统规划的战略任务

管理信息系统的总体规划是组织针对管理信息系统的建立和发展所作的一种战略性计划。因此，除了具有一般战略性计划的属性，管理信息系统总体规划还应该有以下七个任务。

（1）使信息系统的发展与组织整体计划相协调，即支持组织战略计划的实施。只有经过规划和开发的信息资源才能发挥其作用。由于企业或组织内外的信息资源很多，其内外之间都有大量的信息需要交换和共享，如何收集、存储、加工和利用这些信息，以满足各种不同层次的需要，这显然不是分散的、局部的考虑所能解决的问题，必须来自高层的统一的、全局的规划。将这些信息提取并设计出来，才能实现信息的共享，从而支持组织计划的实施。

（2）为管理信息系统的开发提出方向，保证开发工作支持组织的目标。方向和目标的设立工作往往是很困难的，作为企业组织的领导者，他们在设立方向和目标时必须考虑外部环境的影响和变化。同时受个人价值观、工作风格等因素的影响，最后确定的目标往往不完全是个人意愿的表现，而是多人意愿以及现实约束的综合体。

（3）合理地分配资源，确定开发的优先次序。由于信息系统的开发是一项长期而艰巨的任务，其内部各个子系统不能同时进行开发，一般都是先开发一部分，再开发另外一部分，循序渐进。在整个开发过程中，什么时间安排哪些任务、配备哪些人员和设备等一系列问题，都必须在总体规划阶段得到有效解决。

（4）保证系统的一体化和开发工作的协调性，避免没有统一规划的"各自为战"、局部优先以及联合各自开发的应用系统时所引起的不必要的费用。系统开发循序渐进的特点决定了资源、费用等在分配时，在不同的阶段会有不同的侧重点。只有制定出统筹全局的信息结构，并以此为基础指导各层子系统的工作，才能保证各子系统的开发工作符合总体工作要求，减少资源浪费。

（5）为负责系统开发的人员，包括项目开发的负责人员和管理信息系统方面的高层管理人员的绩效考核提供质量标准和控制机制。各系统开发的要求是否可以如期达到、完成质量的优劣与否都影响着企业组织的发展，需要一定的激励考核机制带动每个人的积极性，以便更好地完成系统开发工作。绩效考核机制等需要在系统开发前预先制定好，在整体规划中有所体现。

（6）为信息系统人才，如信息分析人员、系统分析人员的获得和人才培养提供一种基础，使组织明确对管理信息系统人员的数量和质量方面的需求。组织的领导和系统开发负责人依据组织的整体目标来确定信息系统的人员数量，保证系统开发过程顺利进行。

（7）保证管理信息系统能自动地进行调整，为组织提供有效的支持。管理信息系统的规划应不断修改。人员变化、技术变革、财务约束、政府制度、组织自身、竞争对手采取的行动等内外部的各种因素变动都可能影响整个规划，甚至一种新的硬件或软件的退出也可能影响整体规划，因此整体规划中要留有变动的余地，方便及时调整。

第二节　管理信息系统规划的内容和步骤

一、管理信息系统规划的内容

管理信息系统总体规划的复杂性依据组织的规模和复杂程度而有所差别。规划的时间尺度一般为五年以上，并且至少有前两年的详细计划。总体规划的内容应包括以下六个方面。

（一）对组织的战略计划和有关营运计划的概述

（1）环境的评述。它包括预测和预测过程中的假设，以及可能的危机和机会。管理信息系统是在一定的组织环境中应用的，一些环境要素会影响管理信息系统的使用效果，准备进行信息化的企业应该认真分析这些因素对信息系统建设的约束性，这些因素甚至在一定程度上决定着管理信息系统的成败。这些因素主要有生产过程、组织规模、管理的规范化程度、组织的系统性、信息处理与人等。

（2）对组织的评价。组织的变化以及外界环境的变化也会促进信息技术的发展。评价主要包括以下方面：组织是否拥有优化、固定化的管理流程与制度；是否可以实现企业数据的采集，监控企业运行状况，为决策提供科学合理的数据支撑；企业的日常业务是否可以在管理信息系统中实现，实现日常业务管理信息化；企业中层管理者是否可以通过管理系统监控各项管理制度、企业战略的落实情况；企业高层管理信息系统是否可以宏观把握组织经营状况，并且可以实现数据溯源、追查问题、辅助高管决策；企业是否可以通过管理系统的监控功能为组织提供各类风险预警，防范危险发生。

（3）组织的目标与战略。组织的目标是组织希望努力争取达到的未来状况，提供了衡量组织活动成功的标准和组织活动的动力。组织的目标应该是多重的而不是单一的，既有总体目标，又有具体目标；既有长期目标，又有中、短期目标。组织的战略是组织为适应未来环境变化，对生产经营和持续变化，稳定发展中的全局性、长远性、纲领性目标的谋划和决策。它是表明组织如何达到目标，完成使命的整体谋划，是提出详细行动计划的起点，但是又高于任何特定计划的各种细节。战略反映的是管理者对行动、环境和业绩之间关键联系的理解，用以确保已确定的愿景的实现。

（4）组织的未来和设想。由于经济环境的不断变化，管理思想、方法不断创新，计算机网络技术的快速法案，促成了管理信息系统总的发展趋势是管理思想现代化、人本化、系统应用网络化、开发平台标准化和智能化。今后管理信息系统的健身必须走从单项系统管理到系统集成的道路。

（二）管理信息系统计划概述

（1）管理信息系统环境的情况。它包括对未来技术和用户环境的预测、预测的前提假设、信息系统的危机分析与机会。

（2）信息系统的评价。它包括信息系统的优势与不足，并且要进行原因分析。信息系统在技能上的评价内容主要是系统性能；在经济上的评价内容主要是系统的效果和效益，包括直接的效果与间接效果的两个方面。

（3）管理信息系统目标。要明确信息系统的开发方向，保证开发工作支持组织的目标。

（4）数据处理组织结构的设计。管理信息系统的应用过程会使用和产生大量的数据。如何应用和处理好这些数据是管理信息系统要处理的首要问题。

（三）目前的能力

（1）已有的设备、通用性软件、应用系统、人员和技术储备、费用分析和设备利用情况。用户的要求在现有条件下是否可以实现，已有的设备等是否可以服务于下一阶段的使用，这些都必须在项目进行之前就充分考虑到。

（2）正在进行的项目情况。项目的变化可能会造成项目完成时间的延长或缩短，影响既定的进行路线，要根据新项目的特点重新调整、规划各个项目的进度安排。

（四）可行性分析

通过对企业状况的初步调查得出现状分析的结果，然后提出可行性方案并进行论证。系统可行性的研究包括目标和方案的可行性、技术的可行性、经济方面的可行性和社会影响等方面。

（1）项目及其优先级。通常情况下可能存在多个正在进行的项目，为了保证项目可以高质量如期完成，且能够合理地分配现有资源，就必须要确定开发的优先次序。

（2）获取主要硬件、软件和人员的成本/效益分析。成本/效益分析的目的是从经济的角度评价开发一个软件项目是否可行。在项目进行之前需要对项目的投资和收益进行评估，因为硬件购买、软件开发、人员培训都需要一定的费用支出。而效益分为有形效益和无形效益。有形效益可以用货币的时间价值、投资回收期和纯收入等指标进行衡量；无形效益主要从性质上、心理上进行衡量，很难直接进行量的比较。

（五）具体规划（至少有前两年的详细计划）

（1）通用应用软件的购置计划。通用应用软件具有良好的普遍性，适合广大用户使用，并且具有较好的可靠性，成本相对于专门开发低很多。它也是应用系统开发的基础，和开发的应用系统必须相互适应，符合用户需要。

（2）应用系统的开发计划。应用系统开发是计算机研制生产之后，用于生产过程或管理活动的一个必不可少的步骤，也可以说是计算机技术的二次开发。企业如果要使用计算机进行生产和计划管理，必须要根据使用需求购置计算机及其外部设备，同时配备完成这些特定任务的应用软件。要根据企业情况并结合应用系统的开发过程提前做好开发计划，保证应用系统开发顺利进行。

（3）软件维护和更新安排。信息系统维护和更新是为了使信息系统适应环境和各种其他因素的变化。当信息系统发生故障或者局部不理想时，应及时地进行维修和改进，保证信息系统正常的工作，以满足系统用户对系统的要求。信息系统只有在不断地维护过程中才能不断地完善。

（4）人力资源的开发计划，包括培训计划。管理信息系统需要人机结合，不仅要做好企业管理人员的培训，系统操作人员的培训也十分重要。要充分认识人力资源开发的重要性和艰巨性，在项目实施之前对相关人员进行系统和规范产品培训是非常必要的，最终让受训人员可以解决使用中的具体问题。

（5）资金需求计划。资金需求计划是维持企业的财务流动性和适当的资本结构，以有限资金谋取最大的效益，而采取的关于资金的筹措和使用的一整套计划。由于涉及购置系统等计划，并且随着系统的建设和运行，将有一系列不明显的费用投资，而且这些费用的比例会越来越大，因此必须要保证资金充足、经营资金调度灵活，这样企业资金可以得到有效利用和高速运转。

（6）管理信息系统评价方法的叙述。管理信息系统的评价历来是一项困难的工作，其所以困难是信息系统本身诸多特点造成的。一方面，信息系统工程和其他工程不一样，其投资不可能是一次性的，也不可能只是硬件的投资；另一方面，信息系统的见效有着明显的滞后性、相关性和不明显性，其效果要在系统相当一段的使用时间之后呈现出来。影响信息系统好坏、成功与否的因素有很多，如何评价一个信息系统是一个极复杂的课题。

（六）为了使总体规划有效实施所必须的行动计划

以上所列的是一个全面的管理信息系统总体规划，它的前提是组织已经建立了比较成熟的战略计划过程。在这样的组织中，管理信息系统的计划就容易实现。如果组织本身还没有一个成熟的计划，制定管理信息系统的规划相应地就比较困难。在这种情况下，规划的内容也就需要相应的调整和简化，实施的控制也会受到影响。

二、管理信息系统规划的基本步骤

进行管理信息系统的战略规划一般应包括以下步骤。

（1）确定规划的性质。基本规划问题的确定，应包括规划的年限、规划的方法，确定是集中式还是分散式的规划，以及是进取还是保守的规划。

（2）收集初始信息。这包括从本企业内部各种信息系统委员会、各管理层、与卖主相似的企业、各种文件以及从书籍和杂志中收集信息。

（3）现存状态的评价和识别计划约束。这包括目标、系统开发方法、计划活动、现存硬件和它的质量、信息部门人员、运行和控制、资金、安全措施、人员经验、手续和标准、中期和长期优先序、外部和内部关系、现存的设备、现存软件及其质量，以及企业的思想和道德状况。

（4）设置目标。这实际上应由总经理和计算机委员会来设置，它应涵盖服务的质量和范围、政策、组织以及人员等，不但包括信息系统的目标，而且应有整个企业的目标。

（5）准备规划矩阵。规划矩阵实际上是由信息系统规划内容之间相互关系组成的矩阵。列出这些矩阵后，实际上就确定了各项内容以及它们实现的优先顺序。

（6）识别上述列出的各种活动，是一次性的工程项目性质的活动，还是一种重复性的经常进行的活动。由于资源有限，不可能所有项目同时进行，只有选择一些好处最大的项目优先进行，正确选择工程类项目和日常重复类项目的比例，正确选择风险大的项目和风险小的项目的比例。

（7）给定项目的优先权和估计项目的成本费用。根据实际情况确定优先开发项目，确定开发顺序、开发策略与开发方法。

（8）根据第（7）步的结果来编制项目的实施进度计划。估计项目的成本费用和人员需求，同时列出开发进度表。

（9）把战略长期规划书写成文，在此过程中还要不断与用户、信息系统工作人员以及信息系统委员会的领导不断协商、交换意见。

（10）总经理批准并宣告战略规划任务的完成。整理成文的管理信息系统的总体规划必须经过总经理批准才能生效，否则只能返回到前面的某一个步骤重新再来。

三、管理信息系统规划的时机

人们对管理信息系统总体规划的认识，是随着系统的发展而逐渐加深的。这好比工业化城市扩大以后，不断地产生许多问题：人口的膨胀、道路拥挤、绿地骤减、环境的污染等，人们才认识到城市规划的重要性。虽然一个组织在确定管理信息系统总体规划的时间上没有统一的标准，但是大致可以引用美国管理信息系统研究者诺兰（Nolan）的关于组织信息处理发展的阶段模型——诺兰模型，来说明组织进行管理信息系统总体规划的时机。

诺兰把一个企业组织的数据处理工作从引入计算机到发展、成熟的过程总结为以下六个阶段。

（一）初始阶段

初始阶段是指企业组织购置第一台计算机并初步开发管理应用程序。在该阶段中，计算机的作用被初步认识到，少数人具有了初步使用计算机的能力。初始阶段一般发生在企业组织的财务部门。

（二）发展阶段

发展阶段是指随着计算机应用成效开始显现，信息系统从少数部门发展到多数部门，同时开发了大量的应用程序，企业事务的处理效率有所提高。在该阶段中，数据处理能力发展最为迅速，但同时也出现了数据冗余、不一致等问题。在该阶段中，只有一部分计算机的应用收到了实际效益。

（三）控制阶段

当计算机的数量超出控制、增长速度过快时，投资收到的回报与其数量不成比例。同时，由于应用经验逐渐丰富，应用项目不断积累，客观上也要求加强组织协调，于是就出现了由企业领导和职能部门负责人参加的领导小组，对整个企业的系统建设进行统筹规划，特别是利用数据库技术解决数据共享问题，这时严格的控制阶段便代替了发展阶段。诺兰认为，控制阶段是实现从计算机管理为主到以数据管理为主转换的关键，一般发展较为缓慢。

（四）综合集成阶段

集成就是在控制的基础上，对子系统的硬件进行重新连接，建立集中式的数据库，能够充分利用和管理各种信息的系统。由于重新安装大量设备，此阶段的预算费用又经历一轮快速增长。

（五）数据管理的阶段

诺兰认为，综合集成阶段之后是数据管理阶段。但是由于在 20 世纪 80 年代，美国尚处在第四阶段，因此诺兰没有能对该阶段进行详细的描述。但是，经过 20 世纪 90 年代和 21 世纪初 10 年的发展，世界已经进入数字化管理时代，企业所有的基本业务都可以通过计算机和网络来实现。

（六）成熟阶段

一般认为"成熟"的信息系统可以满足单位中各管理层的要求，实现智能化管理，并真正实现信息资源的管理。从 21 世纪开始，企业管理就逐步迈入智能化、自动化阶段，企业的数据经集成、分析和挖掘，管理信息系统能够智能化地为管理者提供决策建议，自动化地处理常规业务，极大地提高了工作效率，节省了人工成本，减轻了管理者的业务负担。

第三节　管理信息系统规划的常用方法

一、管理信息系统规划方法概述

鲍曼（B. J. Bowman）等人通过对信息系统规划实践的观察、对文献的研究和对用于计划过程方法论的分析，提出了一个基本的、一般性的管理信息系统规划模型。在这一模型中，管理信息系统的总体规划由以下三个阶段组成。

（一）战略性的管理信息系统计划

此阶段要求在总的组织计划与管理信息系统计划之间建立关系。在对系统进行初步调查的基础上提出开发系统的要求，根据需要和可能，给出系统的总体方案，并对这些方案进行可行性分析，总结出系统开发计划和可行性研究报告，使计划能够与需求密切结合。

由于信息系统目标和战略的规划是来自组织战略的某种映射，而这种映射过程是比较复杂的，难以按照一种结构化的方法来完成。它更强烈地依赖于分析人员的洞察力。因此，在这一阶段正式的规范化方法很少。

（二）组织的信息需求分析

此阶段应识别出组织广泛的信息需求，建立战略性的信息系统的总体结构，指导具体的应用系统开发规划。系统分析阶段的任务是根据系统开发所确定的范围，对现行系统进行详细调查，描述现行系统的业务流程，指出现行系统的局限性和不足，确定新系统的基本目标和逻辑模型。组织信息需求分析阶段是一个非常重要的阶段。这一阶段要求识别和定义正确、完善的信息需求，确定一个组织的信息系统总体结构，分析应用系统和它们的优先次序。

（三）资源分配

对 MIS 的应用系统开发资源进行管理。对组织信息需求的分析回答了系统"做什么"的问题，而资源分配阶段的任务就是回答"怎么做"的问题。要根据系统分析说明书中规定的功能要求，考虑实际条件，高效分配现有资源以实现目标。资源分配阶段的一些方法往往来自一般的计划方法。因为这一阶段所涉及的主要问题是从整个组织的角度分配信息系统的开发和运行资源，确定资源分配计划，因而带有一般资源分配问题的共性。

以下将重点介绍三种国际上常用的总体规划方法，它们是 IBM 公司的企业系统规划法（Business System Planning，BSP）、约翰·罗卡特（John Rockart）的关键成功因素法（Critical Success Factor，CSF）和威廉·金（William King）的战略集转化法（Strategy Set Transformation，SST）。这些方法中的一些重要概念对管理信息系统开发有广泛的影响。特别是 BSP，对国内的许多大型管理信息系统总体规划的制定，起到了重要的作用。

二、企业系统规划法（BSP）

（一）企业系统规划法的含义

企业系统规划法是一种能够帮助规划人员根据企业目标制定 MIS 战略规划的结构化方法，通过这种方法可以做到以下两点。

（1）确定出未来信息系统的总体结构，明确系统的子系统组成和开发子系统的先后顺序。

（2）对数据进行统一的规划、管理和控制，明确各子系统之间的数据交换关系，保证信息的一致性。

企业系统规划法的优点在于它能创造一种环境并提出初步行动计划，利用它能保证信息系统独立于企业的组织结构，使企业能依次对未来的系统和优先次序的改变做出反应，也就是能够使信息系统具有对环境变更的适应性。即使将来企业的组织机构和管理体制发生变化，信息系统的结构体系也不会受到太大的冲击。

（二）企业系统规划法的工作步骤

采用企业系统规划法制定规划是一项系统工程，其主要的工作步骤有以下8个。

（1）准备工作。成立由最高管理者牵头的委员会，下设一个规划研究组，并提出工作计划。

（2）调研。规划组成员通过查阅资料，深入各级管理层，了解企业有关决策过程、组织职能部门、部门的主要活动和存在的主要问题。

（3）定义业务过程。定义业务过程是企业系统规划法的核心。业务过程是指企业管理中必要且逻辑上相关的、为了完成某种管理功能的一组活动，如产品预测、材料库存控制等业务处理活动或决策活动。

（4）业务过程重组。业务过程重组是在业务过程定义的基础上，找出哪些过程是正确的；哪些过程是低效的，需要在信息技术支持下进行优化处理；还有哪些过程不适合计算机信息处理的特点，应当取消。

（5）定义数据类。数据类是指支持业务过程所必需的逻辑上相关的数据。对数据进行分类是按业务过程进行的，即分别从各项业务过程的角度将与该业务过程有关的输入数据和输出数据按逻辑相关性整理出来归纳成数据类。

（6）定义信息系统总体结构。定义信息系统总体结构的目的是设计未来信息系统的框架和定义相应的数据类，因此其主要工作是划分子系统，具体实现可利用的 U/C 矩阵。

（7）确定总体结构的优先顺序。它是指对信息系统总体结构中的子系统按先后顺序排出开发计划。

（8）完成企业系统规划法研究报告，提出建议书和开发计划。

三、关键成功因素法（CSF）

1970 年，哈佛大学教授威廉·扎尼（William Zani）在管理信息系统模型中使用了关键成功变量，这些变量是决定管理信息系统成败的因素。过了 10 年，麻省理工学院教授约翰·罗卡特把关键成功因素法提高成为管理信息系统的战略，用以满足高层管理的信息需求，特别是解决那些每月收到的计算机生成的大量报表却几乎找不到任何有价值的信息的问题。关键成功因素是指对企业成功起关键作用的因素。关键成功因素法就是通过分析找出使企业成功的关键因素，然后再围绕这些关键因素来确定信息系统的需求，并进行规划。

（一）关键成功因素法的步骤

（1）了解企业的战略目标。企业战略目标是企业发展的纲领，是企业使命和宗旨的具体化和定量化，是衡量企业业务是否实现其企业使命的标准，是企业经营战略的核心。

（2）识别所有的成功因素。该步骤主要是分析影响战略目标的各种因素和影响这些因素的子因素，从中选择决定企业成败的重要因素。关键成功要素的选择力求精炼，通常控制在六个以内。

（3）确定关键成功因素，尤其不同行业的关键成功因素。例如，汽车制造业可能是制造成本的控制，而保险业则是新项目开发和工作人员的效率控制，百货公司则可能是定价与折价策略或组合销售策略等。

（4）明确各关键成功因素的性能指标和评估标准。具体指标的确定过程是构造信息系统评价体系的过程，也是为以后的工作提供框架的过程。一个关键成功要素的评价标准很多，在实际应用过程中，根据每个指标的重要程度选择最重要的指标，通常控制在三个以内。

（二）关键成功因素法的优点

（1）层次清晰。关键成功因素法从最初的目标识别，到具体指标的确定和评价体系的形成，是一个逐步细化和具体化的过程，体现着条理清晰的层次。逐层展开的方式能够辅助信息工作者明确决策者信息需求中的具体决定因素，进而明确该信息需求涉及的范围，有效解决了当前决策者信息需求识别过程中范围界定困难的问题。

（2）针对性强。与其他方法相比，关键成功因素法是针对具体信息为用户分析信息需求的方法，针对性更强。不但注重不同行业和企业的差别，而且注重不同决策者个人在信息需求方面的差异。目前关键成功因素的应用绝大多数都结合访谈法使用，前期确定访谈对象，之后逐一进行访谈，分别进行记录，能够充分利用人际交流的优势，积极促进信息用户"潜在信息需求"的显化，满足用户需求的个性化。此外，针对性强的特点也保证了信息来源的明确，为持续把握信息需求的动态变化提供了明确的、必要的参考。

（3）兼容性强。兼容性强主要表现在两方面：一是可以和多种分析方法相结合，如访谈法、情景分析法、德尔菲法等方法相结合；二是能够根据内外部环境的变化，及时调整关键成功因素具体指标，并根据监测信息时刻把握决策者信息需求的变化动态。关键成功因素法还将定量分析与定性分析相结合，从而使分析结果更具有说服力。

（三）关键成功因素法的局限性

（1）过分注重于特定管理者的信息需求，而不考虑整个组织的信息需求。不同行业、企业之间同一个方案想法不能混合使用，即使在同一个组织内，管理者的不同也会产生不同的结果。

（2）没有推荐或采用一种数据结构来完成信息规划战略和信息需求分析。关键成功因素法想要及时把握整体规划，需要和其他方法搭配使用才能呈现最佳的解决方案。

四、战略目标集转化法（SST）

战略目标集转化法是威廉·金于 1978 年提出的，他把整个战略目标看成一个"信息集合"，由使命、目标、战略和其他战略变量（如管理的复杂性、改革习惯以及重要的环境约束等）组成。管理信息系统的战略规划过程是把组织的战略目标转变为管理信息系统战略目标的过程。

这个方法的第一步是识别组织的战略集，先考察一下该组织是否有成文的战略长期计划；如果没有，就要去构造这种战略集。可以采用以下步骤。

（1）整合出组织的关联集团，如卖主、经理、雇员、供应商、顾客、贷款人、政府代理人、地区社团及竞争者等。

（2）识别关联集团的要求。

（3）定义组织相对于每一个关联集团的任务和战略。

（4）解释和验证组织的战略集。

第二步是将组织战略集转化成管理信息系统战略。管理信息系统战略应包括系统目标、约束以及设计原则等。这个转化的过程对应组织战略集的每个元素识别对应的管理信息系统战略约束，然后设计出整个管理信息系统的结构。最后，选出一个方案送总经理。

战略集转化法从另一个角度识别管理目标，它反映了各种用户的要求，而且明确了按这种要求的分成，然后转化为信息系统目标的结构化方法。

第四节　管理信息系统规划的组织和管理

一、高层管理者参与

高层管理者参与规划工作是确保信息资源开发利用成功的关键。其原因综合起来有以下六个方面。

第一，高层管理者最了解各项战略决策中的信息需求，单靠一个规划组来规划这种来自高层的信息资源，他们很难理解高层管理者以及各层管理人员的看法和信息需求，所以作为高层管理者必须亲自参与规划，了解规划的内容，把握规划方向。

第二，规划中出现了争议和问题时，只有高层管理者出面才能得以解决。有时，规划组精心制定的规划常因高层管理者的动摇而失败。规划中会出现一些有争议的问题，严重时可能会有不同派别的反对。这些问题只有高层管理者明确地坚信未来的发展方向，签字批准实施规划中的各项内容才能得到解决。

第三，规划中经常会有一些弊病导致管理机构调整，其调整的最终决策权在高层管理者。自顶向下的规划能揭示出系统内组织机构和管理方面的一些弊病、浪费和低效的现象。在许多情况下分析规划工作会导致系统内处理过程的重新组织和管理机构的重新调整，只有得到高层管理者的认可，调整的工作才能付诸实施。

第四，信息系统的开发效率是至关重要的，为了避免信息资源开发上的浪费，必须有一个自顶向下的全局范围的信息结构，这种信息结构必须得到高层管理者的确认。在分散开发阶段，冗余的、未经协调的信息系统开发，以及大量的维护和转换活动所造成的信息资源开发上的浪费是惊人的。为了减少这种浪费，必须从整体的角度，制定出全局的信息结构，并以此为基础指导总体下的各层子系统的开发工作。

第五，总体规划需要对下一步各项子系统的开发提出优先顺序，并做出开发预算，这些内容也必须由高层管理者做出最后的决策。

第六，总体规划往往要进行关于系统内数据项定义的标准化工作，在数据项定义过程中经常会出现一些问题必须由高层管理者负责协调解决。

由此可见，总体规划必须在高层管理者的直接参与和管理下进行。规划的组织则依据不同的规划范围有着不同的形式。

二、总体规划的组织管理

组织内的信息系统总体规划工作需要成立一个责权明确的工作组。这个工作组在组织的最高层管理者的直接管理下，由一名负责全面规划工作的信息资源规划负责人和一个核心小组所组成，并通过一批用户分析员和广大的最终用户保持联系。核心小组和用户分析员专职从事总体规划工作，而广大的最终用户则是临时或短期参与规划工作。

全部规划工作应由强有力的核心小组来完成。核心小组成员由高层管理人员与数据处理人员（四五人）组成，具体包括：组织内的业务负责人、财务培训负责人、数据处理负责人、系统分析负责人等。核心小组成员由外请顾问进行培训和指导，以便正确行使他们的权利。

信息系统的最终用户是指那些直接使用计算机信息系统的各层管理人员，这些人员中要抽出一部分人在总体规划期间代表所在的部门参加工作，成为用户分析员。用户分析员的人数应适合组织的规模，并能覆盖全部业务范围。用户分析员要经过培训，学会总体规划方法，才能具体负责本部门的规划工作。

第五节　企业流程重组

一、业务流程重组的概念

业务流程重组（Business Process Reengineering，BPR）是一种管理思想。它强调以业务流程为改造对象，以关心客户的需求和满意度为目标，对现有的业务流程进行根本性的再思考和彻底的再设计，利用先进的制造技术、信息技术以及现代化的管理手段，最大限度地实现技术上的功能集成和管理上的职能集成，以打破传统的职能型组织结构（Function‐Organization），建立全新的过程型组织结构（Process‐Oriented Organization），从而实现企业经营在成本、质量、服务和速度等方面的重大改善。

二、业务流程重组的实质

业务流程重组是对企业进行根本的再思考和彻底的再设计，提升企业的核心竞争力，以求企业在成本、质量、服务和速度等关键的性能指标上获得显著提升。企业流程重组不是枝节的、表面的，而是本质的、革命性的，是对现行系统进行彻底的怀疑，要用敏锐的眼光发现企业的问题，只有看出问题、看透问题，才能更好地解决问题。

企业对流程的变革不是进行简单的、肤浅的改变或修补，而是抛弃所有的陈规陋习、毫无效益或效益低下的作业方式，大破大立，创造全新的工作方式。

业务历程重组追求的是企业效益的成十倍、成百倍的提高，是在量变的基础上产生质变，出现突跃点，而不是略有改善。

三、业务流程重组的原则

以过程管理代替职能管理，取消不增值的管理环节，如过量生产或过量供应、较长的等待时间、高成本的运输和移动、不增值或失控流程中的加工处理环节，再如库存与文档的缺陷、故障与返工、重复任务、信息格式重排或转移等。

以事前管理代替事后监督，减少不必要的审核、检查和控制活动。在尽可能清除了不增值的活动之后，应该对剩下的必要活动流程进行简化，如程序和流程、沟通流程、技术分析流程和问题区域设置流程等。

取消不必要的信息处理环节，消除冗余信息集。经过简化的任务需要进一步整合，以使之流畅、连贯并能够满足顾客需要。

以计算机协同处理为基础的并行过程取代串行和反馈控制管理过程。弥补传统管理运行模式中存在的不足，促进企业生产管理效率的提高。

用信息技术实现过程自动化，尽可能抛弃手工管理过程。充分运用和发展信息技术的强大功能，实现以流程加速与提升顾客服务准确性为目标的自动化。

四、业务流程重组的实现手段

现代企业的业务流程重组应该充分利用信息技术，并进行组织变革。

充分发挥信息技术的潜能，利用信息技术改造企业过程，简化企业过程。大多数传统方法在提高速度和增加准确性的过程中无法同时降低成本，然而信息技术却因能够大大减少整个系统的环节或活动，往往可以取得惊人的效果。在重组信息丰富的地方采用信息技术可以使企业比竞争者具备更大的优势。信息技术在业务流程重组中的应用可以分为 BPR 软件开发工具和 BPR 实现手段两大类。BPR 软件开发工具按功能划分，主要包括 BPR 规划、组织机构实体分析、建模分析、基于活动的成本核算（ABC）、图形模型仿真、业务绩效度量和绩效分析等模块。

任何企业改革都会以一定技术作为前提和支撑，BPR 作为一种全新的管理理念，以计算机和现代通信技术为核心的信息技术，对其在企业改革中的成功运用起到了不可低估的重要作用。信息技术产生了全新的流程再造构想，信息技术促进企业流程中活动的集成。反过来，BPR 使信息技术的潜力得到最大限度发挥，推动了信息技术的发展。

业务流程重组最大限度地实现技术上的功能集成和管理上的职能集成，以打破传统的职能型组织结构，建立全新的过程型组织结构，从而实现企业经营在成本、质量、服务和速度等方面的突破性改善。

业务流程重组注重流程、彻底变革、打破常规和创造性运用信息技术，它不同于一般的变革，以超越部门或功能的作业流程为着眼点，是一种"重新开始"。信息技术的应用使业务流程重组成为一种必要，也成为一种可能。

基于信息技术的应用，变革组织结构，达到精简组织、提高效率的目的。调整组织结构以适应组织的战略是业务流程重组的重要原则。业务流程重组打破了职能部门的界限，跨部门组建团队的灵活性也大幅提高，从而能更好地实现组织的远景规划和战略目标。企业可以通过重组在激烈的市场竞争中为顾客提供更好的服务并以此发展业务和拓展市场，增强企业的核心竞争优势。

五、业务流程重组的实施

实施业务流程重组要从做到观念重组、流程重组、组织重组、简化过程。

（1）观念重组。观念重组包括变革基本信念、转变经营机制、重建组织文化、重塑行为方式。

（2）流程重组。流程重组是指业务由面向职能转变为面向流程，要对企业的现有流程进行调研分析、诊断、再设计，然后重新构建新的流程。

（3）组织重组。组织重组包括：建立流程管理机构，明确其权责范围；制定各流程内部的运转规则与各流程之间的关系规则，逐步用流程管理图取代传统企业中的组织机构图，实现组织结构扁平化。

（4）简化过程。实施业务流程重组的主要技术是简化过程，即战略上精简分散的过程、职能上纠正错位的过程、执行上删除冗余的过程。简化过程的原则有纵向集成、横向集成、减少检查、校对和控制、单点对顾客、单库提供信息、一条路径到达输出、并行工程、灵活选择过程联接。

第六节　管理信息系统常用的开发方法

一、管理信息系统的开发策略

管理信息系统的开发策略分为"自下而上"和"自上而下"两种策略。

（一）"自下而上"的开发策略

"自下而上"的开发策略是从现行系统的业务状况出发，先实现一个个具体的功能，逐步的由低级到高级建立管理信息系统。该策略首先从研制各项数据处理应用开始，然后根据需要逐步增加有关管理控制方面的功能。一些组织在初始和发展阶段，各种条件尚不完备，常常采用这种开发策略。其优点是可以避免大规模系统可能出现运行不协调的危险；缺点是缺乏从整个系统出发对问题的考虑，随着系统的进展往往要做许多重大修改甚至重新规划，重复工作多，费时费力。

（二）"自上而下"的开发策略

"自上而下"的开发策略强调从整体上协调和规划，由全面到局部，由长远到近期，从探索合理的信息流出发来设计信息系统。由于这种开发策略要求很强的逻辑性，因此难度较大，但是这是一种更重要的策略，是信息系统的发展走向集成和成熟的要求。这是因为整体性是系统的基本特性，虽然一个系统由许多子系统构成，但它们又是一个不可分割的整体。

在实践中合理的策略是：对于小型系统的设计，开发工作缺乏经验的情况适合采用"自下而上"的策略；对于大型的信息系统的开发，应结合这两种方法，首先"自上而下"地进行项目的整体规划，再"自下而上"地逐步实现各子系统的应用开发。

二、结构化的系统开发方法

（一）系统生命周期

任何人工系统都会经历一个由产生、发展到消亡的过程，这称为系统的生命周期。在结构化的系统开发方法中，管理信息系统的开发应用，也符合系统生命周期的规律。随着企业和组织工作的需要及外部环境的变化，信息的需求也相应地增加，要求设计和建立更新的信息系统。当系统投入使用后，可以在很大程度上满足企业管理者对信息的需求。但是随着时间的延续，企业规模或信息应用范围的扩大或设备老化等原因，信息系统又逐渐不能满足需求。这时对信息系统会提出更高的要求，周而复始，循环不息。管理信息系统的生命周期包括系统分析、系统设计、系统实施三个阶段。

（二）结构化系统的开发方法的原则

结构化方法是使用结构化编程、结构化分析和结构化设计技术的一种系统开发方法。其基本思想是用系统工程的思想和工程化的方法，按照用户至上的原则，结构化、模块化地对系统进行分析与设计。其基本原则有以下五点。

（1）面向用户。用户是影响成败的关键因素，在整个开发过程中，要面向用户，充分了解用户的需求与愿望。

（2）严格区分工作阶段。把整个开发过程划分为若干工作阶段，每一个阶段有明确的任务和目标、预期达到的工作成效，以便计划和控制进度，协调各方面的工作。前一阶段的工作成果是后一阶段的工作依据。

（3）自顶向下。按照系统的观点，自顶向下地完成系统的研制工作。在系统规划、分析与设计时，从整体全局考虑，自顶向下地工作。

（4）具有灵活性。充分考虑变化的情况，时刻关注环境变化、内部处理模式变化、用户需求变化。

（5）标准化。工作成果文献化、标准化，开发过程的每一步都要按工程标准规范化、工作文体或文档资料标准化。

（三）结构化系统开发方法的步骤

结构化系统开发方法的步骤包括系统规划、系统分析、系统设计、系统实施、系统运行与维护。

（1）系统规划。根据用户的系统开发请求，进行初步调查，明确问题，确定系统目标和总体结构，确定分阶段实施进度，然后进行可行性研究。

（2）系统分析。分析业务流程、分析数据与数据流程、分析功能与数据之间的关系，最后提出分析处理方式和新系统逻辑方案。

（3）系统设计。进行总体结构设计、代码设计、数据库（文件）设计、输入/输出设计、模块结构与功能设计，根据总体设计，配置与安装部分设备，进行试验，最终给出设计方案。

（4）系统实施。同时进行编程（由程序员执行）和人员培训（由系统分析设计人员培训业务人员和操作员），以及数据准备（由业务人员完成），然后投入试运行。

（5）系统运行与维护。进行系统的日常运行管理、评价、监理审计，对系统进行修改、维护、局部调整。在出现不可调和的大问题时，进一步提出开发新系统的请求，老系统生命周期结束，新系统诞生，开启系统的另一个生命周期。

结构化系统开发方法的每个步骤可以不分先后，但仍要保留因果关系，总体上不能打乱。

结构化系统开发方法的优点是理论基础严密，它的指导思想使用户需求在系统建立之前就能被充分了解和理解。由此可见，结构化方法注重开发过程的整体性和全局性。

结构化系统开发方法的缺点是：开发周期长；文档、设计说明繁琐，工作效率低；要求在开发之初全面认识系统的信息需求，充分预料各种可能发生的变化，但这并不十分现实；若用户参与系统开发的积极性没有充分调动，就会造成系统交接过程不平稳，系统运行与维护管理难度增加。因此，结构化系统开发方法适合大型信息系统的开发。

三、原型法

信息系统的原型就是一个可以实际运行、可以反复修改、可以不断完善的信息系统。

（一）原型法产生的原因

运用结构化系统开发生命周期法的前提条件是要求用户在项目开始初期就非常明确地陈述其需求，若需求陈述出现错误，对信息系统开发的影响将十分严重，因此，这种方法不允许失败。事实上这种要求又难以做到。于是，研究者开始设想一种能够迅速发现需求错误的方法。自 20 世纪 80 年代中期以来，当图形用户界面出现后，原型法（Prototyping Method）逐步被接受，并成为一种流行的信息系统开发方法。

（二）原型法的基本思想

原型法是在系统开发初期，凭借系统开发人员对用户需求的了解和系统主要功能的要求，在强有力的软件环境支持下，迅速构造出系统的初始原型，然后与用户一起不断对原型进行修改、完善，直到满足用户需求。

（三）原型法的开发过程

（1）可行性研究。对系统开发的意义、费用、时间做出初步的计算，确定系统开发的必要性和可行性。确定系统的基本要求。系统开发人员要了解用户对信息系统的基本功能需求、人机界面的基本形式等。

（2）建造系统初始原型。在对系统有了基本了解的基础上，系统开发人员应尽快地建造一个具有这些基本功能的系统。

（3）用户和开发人员评审。用户和开发人员一起对刚完成的或经过若干次修改后的系统进行评审，提出完善意见。

（4）修改系统原型。开发人员就要根据用户的意见对原始系统进行修改、扩充和完善。

（5）开发人员在对原始系统进行修改后，又与用户一起就完成的系统进行评审。如果不满足要求，则要进行下一轮循环，如此反复地进行修改、评审，直到用户满意。

（6）结束。如果经用户评审，系统符合要求，则可根据开发原始系统的目的，或者作为最终的信息系统投入正常运行，或者把该系统作为初步设计的基础。

（四）原型法的优点

（1）对系统需求的认识取得突破，确保用户的要求得到较好的满足。系统分析的困难之一是用户与开发者之间的沟通，尤其对一些动态需求，不容易用语言文字来描述。可以实际运行的系统原型有助于开发者发掘和验证这类不易用一般语言来规范交谈的动态需求。

（2）改进了用户和系统开发人员的交流方式。在传统的开发方法中，客户主要靠阅读大量的文件了解系统，然后向系统分析员表达他们对系统需求的意见。原型法展示给用户的是可以实际运行的原型系统，用户"看得见，摸得着"，从而可以很清楚地把他们的意见告诉给系统分析员。

（3）开发的系统更加贴近实际，提高了用户的满意程度。在整个开发过程中，原型系统可以启发用户这些衍生的新需求，并把这些需求告诉开发者。决策支持系统就常有这类需求，适合用原型法进行开发。

（4）降低了系统开发风险，一定程度上减少了开发费用。原型法以用户为主导，更有效地辨认用户需求，不但使系统分析的时间大为缩短，而且减少了开发人员对用户需求的误解，从而降低了系统开发的风险。

（五）原型法的缺点

（1）对开发工具要求高。原型法不如结构化生命周期法成熟和便于管理控制，需要有自动化工具加以支持。

（2）解决复杂系统和大型系统很困难。原型的开发者在修改过程中，容易偏离原型的目的，使用者在看到原型的功能逐步完备之后，以为原型可以联机使用了，而疏忽了原型对实际环境的适应性及系统的安全性、可靠性等要求，便直接将原型系统转换成最终产品。这种过早交付产品的结构，虽然缩短了系统开发时间，但损害了系统质量，增加了维护代价。

（3）对用户的管理水平要求高。虽然原型法能更有效地辨认用户需求，但由于用户的大量参与，也会产生一些新的问题，如原型的评估标准是否完全合理。

对于技术层面的困难远大于其分析层面的系统，则不宜用原型法。一般将原型法与结构化生命周期法结合起来使用，用原型法进行需求分析，以经过修改、确定的原型系统作为系统开发的依据，在此基础上完善系统说明书。

（六）原型法的支撑环境

1. 快速需求分析阶段

这一阶段的主要支撑环境与工具有图形编辑器、数据规范器、数据字典，这些工具组成的支撑环境可以实现结构化分析与设计的主要任务。

（1）图形编辑器。可用它生成数据流程图。一般来说，该工具还可以对各层数据流程图自动进行平衡检查及检查不同层次数据流的输入、输出是否匹配。另外，它还可以自动进行一致性与完备性检查，保证数据流程图与数据字典处理过程说明之间的完全一致。

（2）数据规范器。辅助系统分析员和设计人员使用实体关系图，构造数据模型，实体和关系的定义属性存放于数据字典中。

（3）数据字典。辅助系统分析员和设计人员了解数据类型、取值范围、用途等。

2. 原型实现阶段

这一阶段的主要工具是程序生成器，国外有些专家认为它是第 2 代 CASE 技术最吸引人的地方。程序生成器均按照设计规程自动生成一种甚至多种程序代码，再加上各种辅助测试工具，使得程序设计与测试工具量大大减少，并能以有效的早期测试大大减少昂贵的纠错开销。

（七）原型法的适用范围

原型法的适用范围是比较有限的，适用于小型、简单、处理过程比较明确、没有大量运算和逻辑处理过程的系统。不适应的系统有：大型、复杂系统，难以模拟的系统；存在大量运算、逻辑性强的处理系统；管理基础工作不完善、处理过程不规范、大批量处理的系统。

四、面向对象的系统开发方法

面向对象方法（Object - Oriented Method，OOM）是一种认识客观世界、从结构组织模拟客观世界的方法，产生于 20 世纪 60 年代，20 世纪 80 年代以来获得广泛应用。这种方法以类、继承等概念描述客观事物及其联系，为管理信息系统的开发提供了新思路。

（一）基本概念

（1）对象（Object）。任何事物在一定前提下都可以被看成对象。对象的性质和状态叫属性。对象的本质是数据与操作的封装，封装性又称为信息隐藏，它保证每个对象在定义时尽可能不显露其内部的处理，屏蔽局部的不稳定因素，降低易变因素对系统的影响，使对象具有控制自身状态的独立性。例如，人、椅子、汽车等。

（2）标识（Identification）。标识是对象的名称，具有唯一性，用来在问题区域中区分其他对象。

（3）数据（Data）。数据是对象的属性，表明对象的状态，决定了对象可能的行为，描述对象属性的存储或数据结构。

（4）操作（Operator）。操作是对象行为、动态功能或实现功能的具体方法。每一种操作都会改变对象的一个值或多个值。操作分为两类：对象自身承受的操作，操作结果改变了自身的属性；施加于其他对象的操作，操作结果作为消息发送出去。

（5）接口（Interface）。接口是对象受理外部消息所指定操作的名称或外部通信协议。

（6）消息（Message）。消息是对象之间进行通信的结构，也叫事件。对象不会无缘无故地执行操作，它们之间的相互作用需要通过消息传递来实现，靠"事件激发"产生动作。在对象操作中，当一个消息发送给某个对象时，消息包含接收对象执行某种操作的信息。发送一条消息至少要包括说明接收消息的对象名、发送给该对象的消息名。

（7）类（Class）。类是对象或者相同的数据的集合，包括标识、继承、数据结构、操作和接口，具有层次性。类可以派生出多个子类，父类层数据可以被多次重用，子类也可以扩展自身的属性。

（8）继承（Inheritance）。继承是指一个类因承袭另一个类的能力和特征的机制。一个类直接继承其他类的全部描述，同时可修改和扩充。由于类的对象是各自封闭的，继承可以避免系统内部类或对象封闭而造成的数据与操作冗余现象，并保持接口的一致性。在传递消息时，也无须了解接口的详细情况。而继承机制的最主要优点是支持重用，在层次方面优于传统结构化方法中的过程调用。

（9）簇（Cluster）。簇是一组对象。相对于用单个对象来映射客观世界，用簇为复杂实体建模，将使系统开发更容易实现。

（二）面向对象的基本特征

（1）封装性。封装性改变了传统的数据与操作的分离模式，对象作为独立实体，将数据与操作封闭起来，使自身的状态、行为局部化。封装性是保证软件部件具有优良的模块性的基础。面向对象的类是封装良好的模块，类定义将其属性（用户可见的外部接口）与实现（用户不可见的内部实现）显式地分开，其内部实现按其具体定义的作用域提供保护。对象是封装的最基本单位。封装避免了程序相互依赖性而带来的变动。面向对象的封装比传统语言的封装更为清晰。

（2）继承性。继承性是面向对象方法特有的性质，继承支持重复使用，实现软件资源共享与增强扩充。继承性是子类自动共享父类数据结构和方法的机制，这是类之间的一种关系。在定义和实现一个类的时候，可以在一个已经存在的类的基础之上来进行，把这个已经存在的类所定义的内容作为自己的内容，并加入若干新的内容。在类层次中，子类只继承一个父类的数据结构和方法，被称为单重继承。在类层次中，子类继承了多个父类的数据结构和方法，则称为多重继承。在软件开发中，类的继承性使所建立的软件具有开放性、可扩充性，这是信息组织与分类的行之有效的方法，它简化了对象、类的创建工作量，增加了代码的可重性。采用继承性，提供了类的规范的等级结构。通过类的继承关系，使公共特性能够共享，提高了软件的重用性。

（3）多态性。多态性是指相同的操作或函数、过程可作用于多种类型的对象上并获得不同的结果。不同的对象，收到同一消息可以产生不同的结果，这种现象称为多态性。多态性允许每个对象以适合自身的方式响应共同的消息。多态性增强了软件的灵活性和重用性。

（4）易维护性。面向对象的抽象、封装使信息隐藏在局部，影响也仅限于局部，这使程序修改、检查错误更方便。当对象进行修改或对象自身产生错误时，由此带来的影响仅仅局限在对象内部而不会波及其他对象乃至整个系统，这极大地方便了软件设计、构造和运行过程中的检错、修改。

（三）面向对象开发方法的主要原则

（1）构造和分解相结合原则。构造是指由基本对象组装成复杂活动对象的过程。分解是指对大粒度对象进行细化，从而完成系统模型细化的过程。

（2）抽象和具体相结合原则。抽象是指强调事物的本质属性而忽略非本质细节。具体则是指对必要的细节加以刻画的过程，包括数据抽象和过程抽象。数据抽象是把一组数据及其有关操作封装起来，过程抽象则定义对象之间的相互作用。

（3）封装原则。封装是指对象的各种外部特性与内部实现分离，以减少程序间的相互依赖，提高程序的可重用性。封装也称为信息隐藏，它将一个对象的外部特征和内部的执行细节分割开来，并将后者对其他对象隐藏起来。

（4）继承原则。继承可直接获取父类已有特性而不必重新定义，目的也是提高程序的可重用性。继承的过程就是从一般到特殊的过程。要实现继承，可以通过"继承"和"组合"来实现。继承的实现方法有两类：实现继承与接口继承。实现继承是指直接使用基类的属性和方法而无需额外编码的能力；接口继承是指仅适用属性和方法的名称，但是子类必须提供实现的能力。

（5）构造问题空间。一是区分对象及其属性，识别出问题域中的对象实体，标识出对象间的关系并确定对象属性，如区分一棵树和树的大小、位置。二是区分整体对象和组成部分，如区分一棵树和树枝，这一构造过程称为构造分类结构。三是区分不同对象类的形成（组装结构），如所有树的类和所有石头的类的形成与区分。

（四）面向对象的开发方法与发展趋势

面向对象技术起源于面向对象的程序设计语言，随着面向对象程序设计技术的完善，面向对象的思想及方法也逐步成熟。面向对象的开发过程一般分为三个阶段：面向对象系统分析（OOA）；面向对象系统设计（OOD）；面向对象系统实现（OOP），即编程。虽然这三个阶段与管理信息系统的生命周期法相似，但解决问题和描述方法却有很大区别。面向对象开发方法的特点具体如下。

（1）分析和设计是反复的。面向对象的开发方法体现了原型法的特点并建立了针对簇的规格的说明。现代应用软件的修改更新频率越来越快，究其原因，既有用户业务发展、更迭引起的相应的软件内容的修改和扩充，也有因计算机技术本身发展造成的软件的升级换代。使用面向对象技术开发的应用程序，具有较好的可扩展性，面向对象技术中分析和设计的反复，首先体现在它特别适合应用在原型软件的快速开发方法中。

（2）运用库中已有对象，反复测试实现簇，并将新簇纳入库中，这一过程体现了继承和重用。可重用性就是指一个软件项目中所开发的模块，能够不仅限于在这个项目中使用，而是可以重复地使用在其他项目中，从而在多个不同的系统中发挥作用。可重用性是面向对象软件开发的一个核心思路。

（3）强调分析阶段和设计阶段的合并。以往面向过程的开发方法是以过程或函数为基本单元来构建整个系统的，当开发项目的规模变大时，需要的过程和函数数量成倍增多，不利于管理和控制。面向对象的开发方法采用内涵比过程和函数丰富、复杂得多的类作为构建系统的部件，使整个项目的组织更加合理、方便。同时，面向对象开发方法中的类把数据和基类上的操作封装在一起，使得只有本类才可以操纵、改变这些数据。

面向对象系统开发的分析和设计更加紧密难分，由于重用性提高，程序设计的比重越来越小，系统测试和维护得到简化和扩充，开发模型越来越注重对象之间交互能力的描述。因而，面向对象的系统开发方法是系统开发的主流趋势。

第三章 CHAPTER THREE

体育管理信息系统的系统分析

第一节　系统分析概述

一、系统分析的主要任务

系统分析是在开发管理信息系统总体规划的指导下，对系统进行深入详细的调查研究，确定新系统的逻辑模型的过程。系统分析的任务是在充分认识组织机构和功能设置的基础上，通过问题识别、可行性分析、详细调查、系统化分析，完成新系统的逻辑模型设计。系统分析的目标是定义或制定新系统应该"做什么"的问题，进而完成可行性分析、用户需求分析、业务逻辑分析。

（一）可行性分析

可行性分析要明确管理信息系统开发的必要性和可行性，需要了解管理者的支持力度、软硬件技术条件、技术人员的水平、资金的充裕程度、管理信息系统所带来的效益。可行性分析是决定是否开发新系统的依据。如果可行性分析不系统、不全面、没有预测性，将导致系统开发成本增加，甚至失败。

（二）用户需求分析

要对组织的部门、人员配置、任务安排有充分的认识，详细了解每个业务过程和业务活动的工作流程及信息处理流程，理解用户对信息系统的需求，包括对系统功能、性能方面的需求，对硬件配置、开发周期、开发方式等方面的意向及规划，最终以需求说明书的形式将系统需求定义下来。这部分工作是系统分析的核心。

（三）业务逻辑分析

在详细调查的基础上，运用各类系统开发的理论、开发方法和开发技术，确定系统应具有的逻辑功能，再用一系列图表和呈现表示出来，形成系统的逻辑模型，为下一步系统设计提供依据。这一步骤是承接系统分析和系统设计的关键一环。

二、系统分析的一般步骤

（一）现行系统的详细调查

集中一定时间和人力，对现行系统做全面、充分和详细的调查，弄清现行系统的边界、组织机构、人员分工、业务流程、各种计划、单据和报表的格式、种类及处理过程、企业资源及约束情况等，为系统开发做好原始资料的准备工作。

（二）组织结构与业务流程分析

在详细调查的基础上，用图表和文字对现行系统进行描述，详细了解各级组织的职能和有关人员的工作职责、决策内容对新系统的要求，业务流程各环节的处理业务及信息的来龙去脉。

（三）系统数据流程分析

分析数据的流动、传递、处理与存储过程。

（四）建立新系统的逻辑模型

在系统调查和系统分析的基础上建立新系统逻辑模型，用一组图表工具表达和描述，方便用户和分析人员对系统提出改进意见。

（五）提交系统分析报告

对系统分析阶段的工作进行总结和向有关领导提交文字报告，为下一步系统设计提供工作依据。

在运用上述步骤和方法进行系统分析时，调查研究将贯穿于系统分析的全过程。调查与分析经常交替进行，系统分析深入的程度将是影响管理系统成败的关键问题。

三、系统分析的成果与文档内容

系统分析阶段的成果就是系统分析报告，它反映了这一阶段调查分析的全部情况，是下一步设计与实现系统的基础。

系统分析报告形成后必须组织各方面的人员（包括组织的领导、管理人员、专业技术人员、系统分析人员等）一起对已经形成的逻辑方案进行论证，尽可能地发现其中的问题、误解和疏漏。对于问题、疏漏，要及时纠正；对于有争论的问题，要重新核实当初的原始调查资料或进一步地深入调查研究；对于重大的问题，甚至可能需要调整或修改系统目标，重新进行系统分析。

系统分析报告要包括以下内容。

（一）组织情况简述

这主要是对分析对象的基本情况做概括性的描述，包括组织的结构、组织的目标、组织的工作过程和性质、业务功能、对外联系、组织与外部实体间有哪些物质以及信息的交换关系，研制系统工作的背景如何等。

（二）系统目标和开发的可行性

系统的目标树是系统拟采用什么样的开发战略和开发方法，人力、资金以及计划进度的安排，系统计划实现后各部分应该完成什么样的功能，某些指标预期达到什么样的程度，有哪些工作是原系统没有而计划在新系统中增补的，等等。

（三）现行系统运行状况

以作业流程图、数据流程图等工具，详细描述原系统信息处理以及信息流动情况。另外，各个主要环节对业务的处理量、总的数据存储量、处理速度要求、主要查询和处理方式、现有的各种技术手段等，都应做一个扼要的说明。

（四）新系统的逻辑方案

新系统的逻辑方案是系统分析报告的主体。这部分主要反映分析的结果和我们对今后建造新系统的设想。它应包括本章各节分析的结果和主要内容。

第二节　可行性分析和详细调查

一、可行性分析

（一）可行性分析的内容

开发一个体育管理信息系统要投入大量的人力、物力、财力，如果开发出来的管理信息系统不能帮助企业或非营利性组织降低运营成本、增加收益的话，那么系统开发就是失败的，是不必要的。在管理信息系统开发过程中，在人员交流、功能描述、技术融合、系统推广中存在一定的障碍，如果领导不支持、员工不配合，系统开发就不具备可行条件。因而，可行性分析的内容包括管理上的可行性、技术上的可行性和经济上的可行性。

1. 管理上的可行性

管理上的可行性是指企业管理者支持新系统的开发，能够引导员工接受并使用新系统的可行性。如果企业的各级管理人员不愿意支持系统开发，员工墨守成规，不愿意改变原来的工作习惯和业务流程，对新系统持抵触情绪，那么就要暂缓系统开发，先做好理念引导工作，获得企业人员的支持。企业应制定相应的规章制度以保证系统开发和实施的顺利进行。

2. 技术上的可行性

大型系统开发不能只依赖企业外部专业的系统开发公司，还应培育本企业专业的技术人员。让企业技术人员全程参与开发过程，以求开发出符合企业需求、适用于企业运营的系统，便于系统使用后的维护和升级。如果企业缺乏足够的技术力量，单纯依靠外部技术，那么管理信息系统的应用将很难成功。

3. 经济上的可行性

经济上的可行性是指对系统开发的费用和系统带来的经济效益进行评价。系统开发的费用包括硬件设备的费用、软件开发的费用、员工培训费用、系统投入运营后的维护和管理费用。系统带来的经济效益包括为企业节省的人工成本、物资成本等能用货币衡量的收益，以及带来的高质量信息和决策等不能用货币衡量的收益。如果系统所带来的经济效益高于系统开发的费用，那么在系统开发上就具有经济可行性。

（二）可行性分析报告

可行性分析的结果要用可行性分析报告的形式呈现出来。报告的内容包括系统简述、系统开发的目标、系统开发的要求、系统开发和实施所需的资源、预算和预期收益、系统开发可行性结论。

1. 系统简述

要说明编写的目的、背景、参考资料。背景包括信息系统的名称，系统项目的提出者、开发者、用户，本系统与其他系统之间的关系。参考资料包括信息系统项目经核准的计划任务书与合同，上级机关的批文，引用的文件、资料、软件开发标准等。

2. 系统开发的目标

系统开发目标要说明的内容包括人类与设备费用的减少、事务处理速度的提高、控制精度或生产能力的提高、管理信息服务的改进、自动决策系统的改进、人员效率的改进等。

3. 系统开发的要求

系统开发要求说明的内容有以下方面：系统的功能和性能；系统输出，如报告、文件和数据，要说明每项输出的用途、产生频度、接口和分发对象；系统输入，包括数据的来源、类型、数量，以及数据的组织和提供频度；处理流程和数据流程说明；安全和保密要求；与本信息系统相连接的其他系统；系统项目的完成期限。

4. 系统开发和实施所需的资源

此项要说明的内容包括以下方面：信息系统的使用寿命；系统开发方案准备和选择所需的时间；经费、人力、物资的需求；法律和政策方面的限制，所需的硬件、软件、运行环境和开发环境方面的条件和限制；系统最晚投入使用的时间。

5. 预算和预期收益

此项应详细说明系统开发过程中每个阶段和时间节点上所使用的费用、费用的具体用途，系统投入使用后可能产生的预期收益。

6. 系统开发可行性结论

可行性结论包括三种情况：一是可以立即开发全新的系统；二是改进原来的系统；三是目前开发不可行，或者推迟到所有条件具备后再进行。

可行性分析报告要尽量取得管理人员的一致认识和同意，经过领导批准后，才可实施，并进入对系统进行详细调查的阶段。

二、详细调查

（一）详细调查的含义和原则

详细调查的目的是摸清现有系统（包括手工系统和已经应用的管理信息系统）的运行状况，发现现有系统中的问题和薄弱环节，并收集相关资料，为随后的业务流程分析、逻辑模型设计做好准备。详细调查旨在完全掌握现有系统的整体状况，因而在调查中要遵循真实性、全面性、规范性、启发性等原则。

（1）真实性。真实性是指要收集真实的资料、准确地反映现行系统状况，客观地反映现行系统的优点和缺点。

（2）全面性。要全面调查企业的所有部门、业务流程，理清部门之间的沟通的数据和信息，办理事务遵循的规则和流程，以免在管理信息系统中出现漏洞。

（3）规范性。在调查时，系统开发人员应设计一套循序渐进、逐层深入、调查步骤和层次分明、通俗易懂的规范化逻辑模型描述方法，规范数据形式、统一编码。

（4）启发性。由于信息系统的使用者并不通晓计算机技术行业的术语和方法，把实际操作的业务转换为管理信息系统中的业务存在一定的表述难度。这就需要调查人员引导和启发使用者，一方面让使用者理解专业术语，另一方面善于按照使用者能够理解的方式提出问题，打开使用者的思路，了解使用者的功能需求。

（5）用户参与原则。调查成员应由部门业务人员、主管人员和设计人员共同进行。设计人员虽然掌握计算机技术，但对业务不够清楚，而业务人员熟悉业务却不了解计算机技术，两者结合，互补不足，就能更深入地发现对象系统存在的问题，共同研讨解决的方案。

（二）详细调查的内容

详细调查包括定性调查和定量调查。定性调查主要是对现有系统的功能的调查和总结，包括组织结构的调查、管理功能的调查、工作流程的调查、处理特点的调查与系统运行的调查等。

定量调查的目的是弄清系统运行所需的业务数据，以及数据流量的大小、时间分布、发生频率。通过定量调查，可以掌握系统的信息特征，据此确定系统规模，估计系统开发的工作量，为下一阶段的系统设计提供科学依据。

（三）详细调查的方法

详细调查的目标是要清楚企业运营现状、业务流程、用户需求，为设计系统功能、数据库字典、处理逻辑奠定基础。调查的方法有多种多样，经常使用的有以下五种方法。

（1）问卷调查法。该方法被用来调查系统普遍性、共性的问题。由初步调查结果可得到组织的基本情况。

（2）召开调查会。这是一种集中调查的方法，适合了解企业整体情况和例外情况。

（3）调查人员直接参加业务实践。信息系统的开发设计人员亲自参加业务实践，不但可以获得第一手资料，而且便于开发人员和业务人员交流，使系统的开发工作接近用户，同时也使用户更了解新系统。

（4）查阅企业的有关资料。通过查阅企业的业务介绍、业务中流通的单据和工作记录可以了解业务流、数据流等信息。

（5）个别访问。专门访问有关业务人员，调查特殊问题或细节，可以掌握细节问题和业务流中可能出现的瓶颈。

（四）系统调查中应注意问题

如果调查的内容和资料不全面，将会影响后续的系统开发，有可能造成系统反复修改而影响系统开发周期。因而，在系统调查中要注意以下问题。

（1）调查前要做好计划和用户培训。根据系统需要明确调查任务的划分和规划，列出必要的调查大纲，规定每一步调查的内容、时间、地点、方式和方法等。对用户进行培训或发放说明材料，让用户了解调查过程、目的等并参与调查的整个过程。

（2）调查要从系统的现状出发，避免先入为主。要结合组织的实际情况、运营现状，了解实际问题，得到客观资料。

（3）调查与分析整理相结合。调查中出现的问题应及时反映并解决，将出现的问题整理成报告，便于系统开发中查询可能出现的问题。

（4）分析与综合相结合。要深入了解现行组织各部分的细节，而后根据相互之间的关系综合起来，以求对组织有一个完整的了解。

（5）规范调查图表。为便于开发者和用户对调查中得到的结果和问题进行交流和分析，调查中需要借助简单易懂的图表工具，便于开发者和用户理解。

（6）系统分析人员应虚心、热心、耐心和细心。调查过程是大量原始素材的汇总过程，分析员必须细心、耐心地对每个内容进行整理、研究和分析，形成描述现行信息系统的文字材料、图表，以便在短期内对现行信息系统有全面详细地了解。分析人员应虚心地与各级用户进行反复讨论、研究，反复修改，力求准确。

第三节　组织结构与功能分析

开发管理信息系统的目的是帮助各部门快捷地处理业务，因而要了解企业的部门组成及每个部门、每个岗位的功能，就要制作组织结构图、管理功能图等。

一、组织结构分析

（一）组织结构分析的目的

组织结构分析的目的是了解组织的主要功能、管理模式、层次关系、管理职能分配，以及不同部门之间信息的应用、处理和传递关系，为确定信息系统的整体结构提供依据，也为进一步详细了解业务流程信息提供线索。

（二）组织结构调查的工具

将组织部门划分以及部门之间的关系用图形表示出来，就构成了组织结构图。组织结构图的画法各不相同，需要针对具体组织进行描述。图3-1是某大型商业健身房的组织结构，从图中可整体看出商业健身房的管理层次（总经理、副总经理、各部主任）、职能部门（运动健体部、休闲部、商品部、财务部、公关部、工程技术部）、职能部门下属的科室。

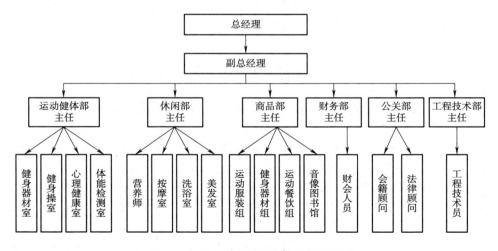

图3-1　某大型商业健身房的组织结构

二、功能结构调查

组织机构的划分总是随着部门功能的扩展或缩小、随着人员变动而变化的。以功能为基点分析问题，则系统将会相对于组织的变化而有一定的独立性，随其他因素变化的幅度较小，有利于系统结构的稳定性。所以在分析组织结构时还应该画出其业务功能一览表。这样既可以在了解组织结构的同时，对依附于组织结构的各项业务功能有一个概貌性的了解，也可以了解交叉管理、交叉部分的深度和各种冗余、重复的工作，以便在后面进行系统分析和设计时避免功能交叉、重复和冗余的问题。

功能结构图是一个完全以业务功能为主体的树型图，其目的在于描述组织内部各部分的业务和功能。图3-2为某商业健身房私教管理的功能结构，从图中可以看出私教管理包含三个大功能和九个小功能，三个大功能为：私教基本信息管理、私教课程管理、私教业务管理。

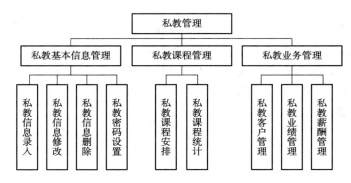

图3-2　某商业健身房私教管理的功能结构

第四节　业务流程调查与分析

一、业务流程调查的任务及方法

业务流程调查的主要任务是调查系统中或组织中各环节的业务活动，掌握业务的内容、作用、信息的输入和输出、数据存储、信息的处理方法及过程等。它是掌握现行系统状况、确立系统逻辑模型不可缺少的环节。

调查业务流程应顺着原系统信息流动的过程逐步进行，内容包括各环节的业务处理、信息来源、处理方法、计算方法、信息流去向、提供信息的时间和形态（报告、单据、屏幕显示等）。

在系统调查过程中，业务流程调查的工作量非常大，需要耐心细致，同时系统开发人员与用户之间联系非常密切，需要彼此间进行良好的沟通。在系统调查过程中，系统分析人员既要分析所调查业务的工作内容，又要考虑所调查业务与其他业务彼此间的联系。

二、业务流程的描述工具

（一）业务流程图和表格分配图

业务流程图（Transaction Flow Diagram，TFD）是用规定的符号来表示具体业务处理过程。业务流程图基本上是按照业务的实际处理步骤和过程进行绘制的。表格分配图帮助系统分析员表示出系统中个种单据和报告分别与其他部门之间发生的业务关系。

业务流程图是一种用尽可能少、尽可能简单的方法来描述业务处理过程的方法。由于它的符号简单明了，所以非常易于阅读和理解业务流程。但它的不足是对于一些专业性较强的业务，处理细节缺乏足够的表现手段。

（二）业务流程图图例及画法

有关业务流程图的画法，目前尚不太统一，但大同小异，只是在一些具体的规定和所用的图形符号方面有一些不同（图 3-3 列出了常用的符号），而在准确明了地反映业务流程方面是非常一致的。虽然业务流程图的画法没有统一标准，但在同一系统开发过程中所使用的图例应是一致的。图 3-4 呈现了某商业健身房健身教练的授课管理业务。

图 3-3　业务流程图常用的符号

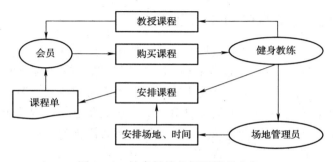

图 3-4　健身教练的授课管理业务

（三）业务流程图的作用

（1）业务流程图是系统分析员做进一步系统分析的依据。画出业务流程图后，系统分析员就明确了部门的业务内容、部门之间的业务关系、需要处理的数据和数据流向。在此基础上可以设计数据流程图、数据字典、数据结构等。

（2）业务流程是系统分析员、管理人员相互交流的可视化工具。系统分析员和管理人员可通过业务流程图达成对业务流程的统一认知，及时修正认知上的偏差，以确保随后设计的系统功能与用户所需要的功能是一致的。

（3）系统分析员可以直接在业务流程图上拟出计算机、人员各自处理的部分。通过业务流程图，系统分析员明确了需要计算机处理的业务内容部分，计算机处理的业务与相关人员处理的业务衔接的问题，以便在系统开发时设计恰当的输入、输出接口。

（4）利用业务流程图分析业务流程是否合理。根据业务流程图，可以直观地看出业务重叠、业务衔接不好的环节，从而改进业务流程，进行业务流程重组，实现业务流程的优化。

三、业务流程分析

（一）分析的目的

分析现行系统中存在的问题是为了在新系统建设中予以克服或改进。系统中存在的问题可能是管理思想和方法落后、业务流程不尽合理，也可能是因为计算机信息系统的建设为优化原业务流程提供的新的可能性。这时，就需要在对现有业务流程进行分析的基础上进行业务流程重组，从而产生新的更为合理的业务流程。

（二）分析的内容

业务流程分析过程包括以下内容。

（1）现行业务流程的分析。分析现有业务流程中的各项业务处理过程存在的价值和不合理的地方，确定需要优化的业务处理过程。

（2）业务流程的优化。根据用户的要求和计算机信息处理的要求，删除、修改原系统中不合理的业务处理过程，以效益和人性化为目标增加新的业务处理过程。

（3）确定新的业务流程。确定需要计算机自动完成的业务、需要用户参与完成的业务，绘制新系统的业务流程图、设计人机交互界面。

第五节　数据流程调查与分析

一、数据流程调查

数据流程是指数据在系统中产生、传输、加工处理、使用、存储的过程。数据流程调查的目的是为了全面把握系统的数据流程，具体分为以下四个步骤。

（1）收集原系统全部输入单据（如入库单、收据、凭证）、输出报表和数据存储介质（如账本、清单）的典型格式等资料。

（2）摸清数据流程各个环节上的数据处理方法和计算方法。

（3）在各种单据、报表、账本的典型样品上或用附页注明制作单位、报送单位、存放地点、发生频度（如每月制作几张）、发生的高峰时间及发生量等，并注明各项数据的类型（数字、字符）、长度、取值范围（指最大值和最小值）。

（4）将数据流程调查结果汇总为数据流程图，用图形直观地表示整个系统的数据流向。

二、数据流程图

（一）数据流程图的含义和特点

数据流程图（Data Flow Diagram，DFD）是一种能全面地描述信息系统逻辑模型的主要工具，它可以用少数几种符号综合反映信息在系统中的流动、处理和存储情况。系统分析员用数据流程图可自顶向下分析系统信息流程；可在图上画出计算机处理的部分；根据逻辑存储，进一步做数据分析，可向数据库设计过渡；根据数据流向，确定存取方式；对应一个处理过程，可用相应的程序语言来表达处理方法，向程序设计过渡。

数据流程图具有抽象性和概括性。抽象性是指在数据流程图中舍去了具体的组织机构、工作场所、人员、物质流等，只剩下数据的存储、流动、加工、使用的情况，这种抽象性能使系统分析员总结出信息处理的内部规律性。概括性是指数据流程图把各种业务的处理过程联系起来考虑，形成一个总体。而业务流程图只能孤立地分析各个业务，不能反映各业务之间的数据关系。

（二）数据流程图图例

数据流程图中常用以下四种符号（图3-5）。

（1）外部实体。外部实体是指处于系统之外的人或单位，他们与本系统进行信息传递，通常用圆圈或椭圆来表示。

（2）数据流。数据流表示流动的一项或一组数据，通常用带有方向的箭线表示，箭线上标明数据流的名称。

（3）处理功能。处理功能表示对数据的处理逻辑，常用一个长方形表示，长方形内部填写处理逻辑（例如，健身会员登记）的名字。

（4）数据存储。数据存储是指存储数据所用的介质，包括数据文件、文件夹或账本等，常用一个右边开口的长方形条来表示，有时用圆柱表示数据库、数据仓库。

图 3-5　数据流程图的常用符号

（三）数据流程图的画法

数据流程图是分层次的，画图时应自上而下逐层展开（图 3-6），保持数据输入和输出的平衡。首先画出顶层数据流程图，说明系统总的数据处理功能、数据输入和输出，然后对顶层数据流程图分解，逐层画出数据流程图。数据流程图分多少层次应根据现实际情况而定，对于一个复杂的大系统，有时可分至七八层之多。为了提高规范化程度，有必要对图中各个元素加以编号。通常在编号之首冠以字母，用以表示不同的元素，可以用 P 表示处理，D 表示数据流，F 表示数据存储，S 表示外部实体。例如，P3.1.2 表示第三子系统第一层图的第二个处理。

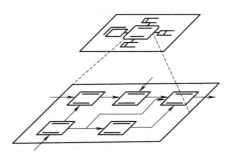

图 3-6　分层的数据流程

以财务系统为例说明数据流程图的分层画法。首先画出财务系统的顶层数据流程图，如图 3-7 所示。

然后对顶层数据流程图进行分解，图 3-8 中将图 3-7 中的账务处理进行分解，分解为更多细致的数据流程。图 3-8 是第一层中的处理被分解后的第二层数据流程，将账务处理分为编制记账凭证、登账处理、编制报表等处理功能。

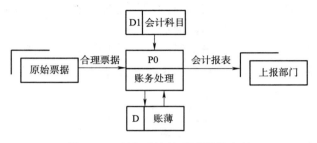

图 3-7　财务系统的顶层数据流程

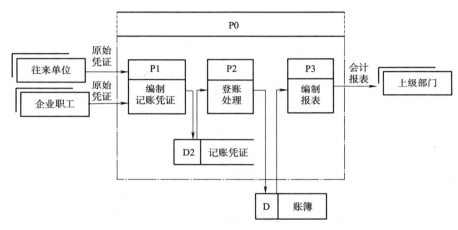

图 3-8　财务系统的第二层数据流程（对"账务处理"功能的分解）

三、数据流程分析

（一）数据流程分析的定义

数据流程分析是指将数据在原系统内部的流动情况抽象地独立出来，舍去了具体组织机构、信息载体、处理工作、物资、材料等，单从数据流动过程来考查实际业务的数据处理模式。数据流程分析主要包括对信息的流动、传递、处理、存储等的分析。

（二）数据流程分析的目的

数据流程分析的目的是要发现和解决数据流通中存在的问题，具体问题包括数据流程不畅、前后数据不匹配、数据处理过程不合理等。问题产生的原因可能有以下方面：原系统管理混乱，数据处理流程本身有问题，调查数据流程有误或作图有误。总之，这些问题都应该尽量地暴露出来并加以解决。一个通畅的数据流程是实现业务处理、保持业务流程通畅的基础。

四、数据字典

数据字典（Data Dictionary，DD）是对数据流程图中的数据项、数据结构、数据流、处理逻辑、数据存储和外部实体等进行定义和描述的工具，是数据分析和管理的工具，同时也是系统设计阶段进行数据库设计的重要依据。数据流程图和数据字典相结合，可以完整地从图形和文字两个方面对系统的逻辑模型进行描述。

编写数据字典是系统开发的一项重要的基础工作。数据字典一旦建立，并按编号排序之后，就形成了一本可供系统开发人员、系统使用人员查阅的关于数据的字典，在系统分析、系统设计、系统实施、系统维护整个过程中都要使用它。在数据字典的建立、修正和补充过程中，始终要注意保证数据的一致性和完整性。

数据字典既可以采用建立人工卡片的方式来管理，也可以采用计算机存储方式来管理。

（一）数据项

数据项又称数据元素，是数据中的最小单位。数据项有静态和动态两种特性，数据字典仅描述其静态特性，具体包括数据项的名称、编号、别名、简述、长度、取值范围。

例：私人教练姓名数据项描述如下。

数据项编号：ISJ - 01

数据项名称：私教姓名

简　　　述：私人教练的名字

类型及宽度：字符型，10 位

（二）数据结构

数据结构描述了数据项之间的关系，可由若干数据项、数据结构，或数据与数据结构组成。数据结构的描述内容包括名称、编码、简述、组成等。数据结构可用表格的形式表示，表 3 - 1 说明了私教课程表数据结构的组成，也可用描述的形式表述。

例：私人教练课程表。

数据结构编号：DSJKCB - 01

数据结构名称：私教课程表

简　　　述：私教授课的时间、场地、会员

数据结构的组成：DCD - 01＋DHY - 01

（DCD-01表示场地数据结构，DHY-01表示会员数据结构）

表 3-1　私教课程表数据结构的组成

DSJKCB-01：私教课程表			
私教 （数据项） ISJ-01	时间 （数据项） ITime-01	场地 （数据结构） DCD-01	会员 （数据结构） DHY-01
			IHY-01：会员编号 IHY-02：会员姓名 IHY-03：会员年龄 IHY-04：购买课程起始时间

（三）数据流

数据流由一个或一组固定的数据项组成。数据流的描述内容包括名称、组成、来源和去向及数据流量等。

例：私人教练的销售单

数据流编号：FSJM-01

数据流名称：私教销售单

简　　述：私教销售课程记录单

数据流来源：会员

数据流去向：销售业绩统计模块

数据流组成：会员编号＋课程编号＋课程量＋课程时期＋销售收入

数　据　流　量：1份/天

高　峰　流　量：2份/天（晚上7：00—8：00）

（四）处理逻辑

处理逻辑描述了数据流程图中最底层的处理逻辑。处理逻辑可以用文字、判定树、判定表、结构化语言加以描述。如果用文字表达数据之间的处理逻辑，不但十分繁琐，而且难以厘清思路。如果采用判断表、判断树，就可以清晰地表达条件、决策规则和应采取的行动之间的逻辑关系，容易为管理人员和系统分析人员所接受。以下介绍判断树、判断表、结构化语言的表示方法。

1. 判断树

判断树比较直观，容易理解，但当条件多时，不容易清楚地表达出整个判别过程。以私教销售业绩处理为例说明判断树。私教每月销售业绩不同，其奖金的提成比例也不相同。如果销售业绩大于或等于20万元，奖金提成比例为15％；如果销售业绩大于或等于10万元且小于20万元，奖金提成比例为10％；如果销售业绩小于10万元，则奖金提成比例为6％。这三种奖金提成比例的判断可用判断树来表示（图3-9）。

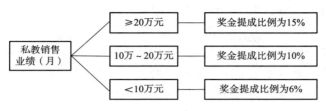

图 3-9　私教销售业绩处理判断树

2. 判断表

判断表又称决策表，是采用表格方式来描述处理逻辑的一种工具，用途和判断树比较相似。仍以私教销售业绩处理为例说明判断表的设计。在表 3-2 中，Y 表示符合这个条件，N 表示不符合这个条件，"×"表示在某条件下应采取的行动。

表 3-2　私教销售业绩处理判断表

	决策规则号	1	2	3
条件	月销售业绩≥20 万元	Y	N	N
	10 万元≤月销售业绩<20 万元	N	Y	N
	月销售业绩<10 万元	N	N	Y
应采取的行动	奖金提成比例为 15%	×		
	奖金提成比例为 10%		×	
	奖金提成比例为 6%			×

3. 结构语言表示法

这是一种模仿计算机语言的处理逻辑描述方法。它使用了由"IF""THEN""ELSE"等词组成的规范化语言。以私教销售业绩处理为例的结构语言表示法如下。

IF 月销售业绩≥20 万元

　　THEN 奖金提成比例为 15%

　　ELSE

　　　IF　10 万元≤月销售业绩<20 万元

　　　　THEN 奖金提成比例为 10%

　　　　ELSE 奖金提成比例为 6%

第六节　系统化分析

在原系统详细调查的基础上进行系统化分析是提出新系统逻辑模型的重要

步骤，通过这一步骤找出原系统业务流程和数据流程的不足，提出优化和改进的方法，给出新系统所要采用的信息处理方案。系统化分析的主要内容包括以下方面：确定系统目标，分析业务流程，分析数据流程，进行功能和子系统划分，确定数据属性和数据存储，分析数据查询要求，分析数据的输入输出，绘制新系统的数据流程图，确定新系统的数据处理方式。

一、分析系统目标

根据详细调查对可行性分析报告中提出的系统目标再次考察，重新考虑项目的可行性和必要性，根据对系统建设的环境和条件的调查修正系统目标，使系统目标适应组织的管理需求和战略目标。由于系统目标对系统建设具有举足轻重的意义，必须经过仔细地、反复地论证才能修改。

二、分析业务流程

分析原有系统中存在的问题是为了在新系统建设中予以克服或改进。系统中存在的问题可能是管理思想和方法落后、业务流程不尽合理，也可能是因为计算机信息系统的建设为优化原业务流程提供了新的可能性。这时，就需要在现有业务流程分析的基础上进行业务流程重组，从而产生新的更为合理的业务流程。

三、分析数据流程

数据流程的分析和优化是系统分析的重要内容，具体包括以下四项内容。

（1）原有数据流程的分析。分析原有数据流程中的数据和处理环节存在的必要性和合理性，确定需要优化数据和处理环节。

（2）数据流程优化。根据用户需求，删除冗余数据，增加新的数据。通过删除、合并、增加等方式优化数据处理流程，提高数据存取效率和处理效率。

（3）确定新系统的数据流程，勾画新系统的数据流程图。

（4）设计数据处理的人机交互界面。确定人工完成的数据输入、存储、修改工作和计算机完成的数据计算工作。

四、功能分析和划分子系统

要将整个系统划分出若干个子系统和子功能。划分好子系统和子功能后，明确子系统之间的接口关系，就可以相对独立地设计和调试每个子系统，实现信息系统开发的并行工作，既可以提高系统开发的效率，也有利于在不影响全局的情况下修改和扩充系统。

五、数据分析

数据分析包括数据属性、存储、查询、输入、输出、处理方式分析等。数据属性分析包括描述事物的特征的数据名称、类型、长度、取值范围、发生的业务量等的分析。数据存储分析主要是指数据表、数据库、数据仓库等数据存储方式的分析。数据查询分析要厘清用户需要查询的数据和问题。数据输入分析包括数据输入方式、输入速度、输入设备、数据精确度、数据之间的联系的分析。数据输出分析包括数据输出的方式、输出报表的格式、输出速度等方面的分析。数据处理方式包括成批处理方式和联机实时处理方式，要分析每种处理方式的效率和费用。

六、绘制新系统的数据流程图

新系统的数据流程图是在数据分析的基础上逐步完善的，要经过反复论证、去伪存真。数据流程图中要说明由计算机完成的数据处理部分和人工完成的数据处理部分。

数据流程图中没有详细说明数据属性、存储等内容，因而应配以完善的数据字典及复杂的处理逻辑的说明。

七、新系统逻辑模型

逻辑方案是新系统开发中要采用的管理模型和信息处理方法。逻辑方案是系统分析阶段的最终成果，内容包括以下五个方面。

（1）新系统的业务流程是业务流程分析和优化重组后的结果，包括以下内容：原系统的业务流程的不足及其优化过程、新系统的业务流程、新系统业务流程中人机界面的划分。

（2）新系统的数据流程是数据流程分析的结果，包括以下内容：原数据流程的不合理之处及优化过程、新系统的数据流程、新的数据流程中的人机界面划分。

（3）新系统的逻辑结构，说明新系统中的子系统划分、功能划分、业务处理逻辑。

（4）新系统中数据资源的分布，确定数据资源如何分布在服务器或主机中。

（5）新系统中的管理模型，确定在某一具体管理业务中采用的管理模型和处理方法。

第七节　面向对象的系统分析和建模

一、对象概述

（一）对象的含义

对象是指在系统中有意义的、与系统应用有关系的任何事物，既可以是具体的物理实体的抽象，也可以是人为的概念，或者是任何有明确边界和意义的事物。例如，一名员工、一个部门、一本图书、一笔业务等都可以作为一个对象。总之，对象是对问题域中某个实体的抽象，设立某个对象就反映了软件系统具有保存有关它的信息并且能与它进行交互的能力。

在系统开发中，对象是将描述该对象属性的数据以及对这些数据实施的所有操作封装在一起构成的统一体。在面向对象的分析和设计中，通常把对象的操作称为服务或方法。因而，对象内封装了描述离散的个人、对象、地点、事件或事物的数据（称为属性）以及所有使用或修改数据和属性的过程（称为方法）。

（二）对象的特点

（1）以数据为中心。操作围绕对其数据所需要做的处理来设置，不设置与这些数据有关的操作，而且操作结果往往与当时所处的状态有关。

（2）对象是主动的。对象与传统的数据有本质不同，不是被动地等待对它进行处理；相反，对象是进行处理的主体。为了完成某个操作，不能从外部直接加工对象的私有数据，而是必须通过对象的公有接口向对象发消息，请求对象执行它的某个操作，处理它的私有数据。

（3）实现了数据封装。对象就像一个黑盒子，它的私有数据完全被封装在盒子内部，对外是隐藏的、不可见的，对私有数据的访问或处理只能通过公有的操作进行。为了使用对象内部的私有数据，则需知道数据的取值范围和可以对该数据施加的操作，而无须知道数据的具体结构以及实现操作的算法。

（4）具有独立性和并行性。对象内部各种元素彼此组合得很紧密，内聚性强，完成对象功能所需要的数据和方法都被封装在对象内部，因而独立性强。不同对象独立处理自身的数据，彼此通过发消息传递信息完成通信，因此，具有并行工作的属性。

二、其他概念

（一）实例（Instance）

实例就是由某个特定的类所描述的一个具体的对象。例如，俱乐部中的每一个会员就是一个实例。类是建立对象时使用的模板，按照这个模板所建立的一个个具体的对象就是类的实际例子，就是实例。

（二）方法（Method）

方法就是对象所能执行的操作，也就是类中所定义的服务。方法描述了对象执行操作的算法，即响应消息的方法。

（三）属性（Attribute）

属性就是类中所定义的数据，它是对客观世界实体所具有的性质的抽象。类的每个实例都有自己特有的属性值。

（四）封装（Encapsulation）

封装就是把客观事物封装成抽象的类，使外界不知道该事物的具体内容。对象的封装就是把对象的数据和实现操作的代码集中起来放在对象内部，外面看不见，也不能从外面直接访问或修改这些数据和代码。类可以把自己的数据和方法只给可信的类或者对象操作，对不可信的类进行信息隐藏。使用一个对象时，只需知道它向外界提供的接口形式，而无须知道它的数据结构细节和实现操作的算法。

（五）继承（Inheritance）

继承是指可以使用现有类的所有功能，并在无须重新编写原来的类的情况下对这些功能进行扩展。通过继承创建的新类称为"子类"或"派生类"。被继承的类称为"基类""父类"或"超类"。继承的过程就是从一般到特殊的过程。要实现继承，可以通过"继承"（Inheritance）和"组合"（Composition）来实现。一个子类可以继承多个基类。当一个类只允许有一个父类时，类的继承为单继承。当一个类被允许有多个父类时，类的继承为多重继承。多重继承的类可以组合多个父类的性质构成所需要的性质，因此功能更强，使用更方便。继承性使得用户在开发新的应用系统时不必完全从零开始，可以继承原有的相似系统的功能或者从类库中选取需要的类，再派生出新的类以实现所需要的功能。

（六）泛化（Generalization）

泛化（特化）是一种技术。将几个对象类的公共属性和行为抽出并组合成类，这种类被称为超类。超类的属性和方法被子类继承。在图3-10中，空心的三角表示继承关系（类继承），Person（人）是父类，Teacher（教师）、Student（学生）、Guest（来宾）是子类。若在逻辑上B是A的"一种"，并且A的所有功能和属性对B而言都有意义，则允许B继承A的功能和属性。

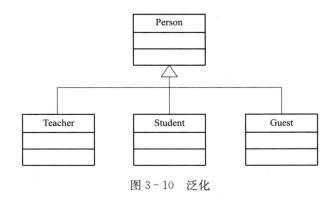

图 3 - 10　泛化

三、面向对象的软件开发

面向对象的设计方法是一种新型、实用的程序设计方法，它强调数据的抽象、易扩展性和代码复用等软件工程原则，特别有利于大型、复杂软件系统的生成。该方法的主要特征在于支持数据抽象、封装、继承等概念。借助数据抽象和封装，可以抽象地定义对象的外部行为而隐藏其实现细节，从而达到规约和实现的分离，有利于程序的理解、修改和维护。它还有利于系统原型的快速生成和有效实现；支持继承则可以在原有的代码上构建新的软件模块，这有利于软件的重复使用。

在面向对象的程序中，对象由属性和方法封装而成。对象的行为通过操作展示，外界不可以直接访问其内部属性，操作的实现对用户透明。消息的传递是对象间唯一的交互方式，对象的创建和对象中操作的调用通过信息传递来完成。类是对具有相同内部状态和外部行为的对象结构的描述，类是待创建对象的模板，而对象是类的实例。对象的封装性降低了对象间的耦合度，从而使得程序的理解和修改变得容易。类之间的继承机制使其易于在现有代码基础上为系统增加新的功能，从而提高规约、设计和代码的易扩展性、易维护性和易复用性，简化了开发者的工作，提高了软件和文档的质量。

第八节　体育信息系统分析案例——健身房管理信息系统

一、健身房管理信息系统概述

近年来，体育服务业快速发展，以健身房、俱乐部为主的体育服务场所数量日益增多，竞争也愈发激烈。在管理上，信息技术的应用越来越广泛，技术实施亦逐步走向成熟。因此，合理有效的信息管理技术对体育健身行业的发展产生极大的促进作用。它们的健康快速发展需要建立一种适合的管理方法，以便有效整合资源。健身房管理信息系统是一种合理高效的、用于信息储存和反馈的系统。通过现代化的网络通信技术，在健身房方面能及时沟通会员、解决问题，同时方便查询与分析会员信息，有利于优化经营方式；在会员方面能随时了解健身房的各种消息，便于安排健身时间。合理的管理既能吸引会员加入，增加客源量，又可以带动全民健康运动健身，提升会员的满意度和幸福感，促进体育健身产业的快速发展。

随着社会经济的发展，信息网络技术的提高，健身房管理信息系统不断完善，日趋成熟。在系统的设计上，简洁的界面、便利的操作，为会员的信息管理和消费健身提供了良好的保障，极大地提升了健身房的工作效率，从而增加收益。20世纪中叶"客户至上"的理念逐渐从国外传入中国，并发展至今，各个企业致力于不断追求从多方面满足消费者的需求。既能从多角度迎合客户的喜好，又能减少成本，增加企业利润，这需要拥有十分便利的管理信息系统。

西方的健身管理为我国的健身管理提供了很好的经验参考，体育健身的发展需要汲取西方国家中好的管理模式和优秀的管理技术，不断增强管理的能力，带动体育产业蓬勃发展。现在国内健身房、俱乐部的管理信息系统越来越多，各方面功能已较为完善。如"健身助手""美萍健身"等健身房管理系统，具有很全面的设计，在管理方面使用简便，管理者能便利地使用系统加强管理，从而提高管理水平。就健身房会员管理信息系统而言，会员消费录入资料拥有会员资格，可以持卡健身，任何情况均可通过管理系统查询，最重要的是对健身费用和次数的及时掌握，很好地提升了会员的服务体验。管理信息系统日益便利化的趋势不可逆转。

多年来，体育相关产业迅速发展，势头良好，各个城市都开始建立健身房和健身俱乐部，并且宣传力度也在不断加大。作为新兴的产业，它们已经受到大家的认可和欢迎。然而，人工管理仍是健身房管理的主要方式，某些技术上的欠缺限制了健身房的管理和推广，使其不能健康稳定的发展。设计该系统是为了提高健身房管理水平，有效管理会员信息，从而完善健身房的管理模式，增加收益。目前，计算机技术全面普及，应用更广泛，为管理信息系统设计提供了硬件支持。该研究设计的健身房会员管理信息系统将管理融入计算机技术，使二者很好地结合，有利于架构更好的系统框架，梳理系统流程，完善系统设计，从而高效管理健身房会员信息，促进健身房推广和体育产业蓬勃发展。

二、系统功能分析

在现代科技如此发达的今天，多数健身房的管理信息系统都较为完善，会员信息的管理亦是十分便捷。针对现状，健身房管理信息系统需要拥有自己的特色。除了对会员的基本信息的处理，在会员消费情况的管理方面，该系统有显著的便捷性。会员会根据自己的时间情况选择不同的健身套餐模式，包括办理周卡、月卡、半年卡、年卡等。系统会为每位会员安排合适的健身时间，通过微信等现在发展较快的手机客户端，该系统会很好地记录会员的消费时间和次数。当会员的消费次数少于系统中设置的次数，系统将会自动通过记录基本信息发出通知，为会员做好健身提醒和时间安排，并且适时地为会员提供优惠的消费项目介绍和推荐，很好地满足消费者的健身需求，有利于会员合理地安排工作与生活，从而提高生活水平。

在对健身房管理系统的设计进行分析之后，要符合其开发的理念和满足各方面的需求，需要实现以下目标。

（1）能够全面管理会员的各种信息，包括注册时的基本信息、选择健身项目的信息、课程的信息、办理相关费用的信息等。

（2）及时快捷地知道会员的需求和反馈，并对该状况信息进行分析，合理地解决问题，满足会员的合理要求。

（3）对系统中的数据进行阶段性的检查与更新，避免管理员进行系统数据录入的时候产生错误而引起不必要的问题。

（4）会员和管理员能实现各种信息随时查询。

（5）对会员信息进行严密保护，非特殊情况不得泄露，信息管理权限要谨慎分配。及时检查网络系统，保证该系统运行安全、网络环境良好。

系统功能构架如图 3-11 所示。

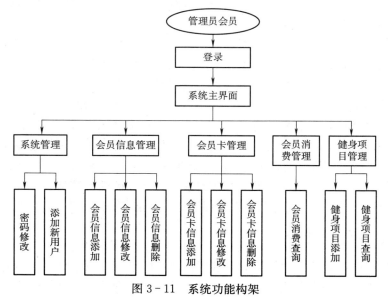

图 3-11　系统功能构架

三、数据库设计

健身房管理信息系统主要用于信息的查询、增加、修改、删除等操作。数据库作为系统运行中最重要的一环，需要满足各种数据的录入与输出。整理信息数据，掌握信息结构，进行信息处理，能够稳定地进行管理系统操作。

数据库作为管理信息系统的储存媒介，能很好地记录各种信息，以便于进行数据管理。主要的数据库数据管理有以下几个方面。

（1）会员信息：卡号、姓名、性别、创建日期、联系电话、备注。

（2）管理员信息：编号、姓名、登录密码、备注。

（3）项目信息：项目编号、项目类型、项目选择时间、项目费用、备注。

（4）项目添加：项目编号、项目类型、添加、备注。

（5）会员卡信息：卡种、时限、创建日期、备注。

数据库数据表如表 3 - 3 所示。

表 3 - 3　数据库数据表

表名称	字段名	表序号
会员信息表	卡号、姓名、性别、创建日趋、联系电话、备注	01
管理员表	编号、姓名、登录密码、备注	02
项目信息表	项目编号、项目类型、项目选择时间、项目费用、备注	03
会员卡信息表	卡种、时限、创建日期、备注	04

现在通常使用 SQL 数据库进行系统数据库创建，选择添加可以创建各种窗体，然后设置编码口令来实现这些窗体。作为管理系统中的信息储存的媒介，需要建立各种类来构建模块与数据库之间的联系，使用户在使用管理信息系统时更好地使用数据库中的各种数据信息。

四、功能实现

（一）登录界面

会员通过系统设置的登录界面进入系统，输入会员名和密码即可登录。如果登录信息输入不正确，则不能登录系统进行操作。其业务流程如图 3 - 12 所示，登录界面如图 3 - 13 所示。

（二）项目添加

会员在健身房可以选择多种健身项目，在系统的项目添加选项界面选择自己需要的运动项目进行添加，这样便能很好地完成自己的健身安排。项目添加界面如图 3 - 14。

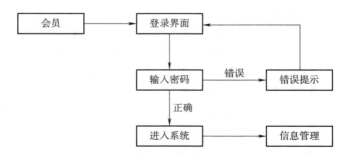

图 3-12 会员查询业务流程

图 3-13 登录界面

图 3-14 项目添加界面

(三) 时间选择

该管理信息系统还要准确地记录会员的健身时间和次数，当会员的健身次数少于系统中设定的次数，系统就会通过系统关联的用户微信等联系方式来提醒会员是否继续安排时间健身。在数据库的系统编码中要用到 if 语句，通过判断是否满足条件来做出判断，以对会员进行相关提醒，并做好相关运动项目的推荐，从而提升会员的服务体验。

（四）信息提醒

该功能主要是为管理员及时通过系统向会员推送一些健身项目、优惠活动等信息，使会员能及时了解健身房的最新情况，从而做出健身安排，会员也可通过该功能模块反馈相关的消息，使管理者能够对相关信息做出准确的分析，以便及时调整经营策略。会员管理界面如图 3－15 所示。

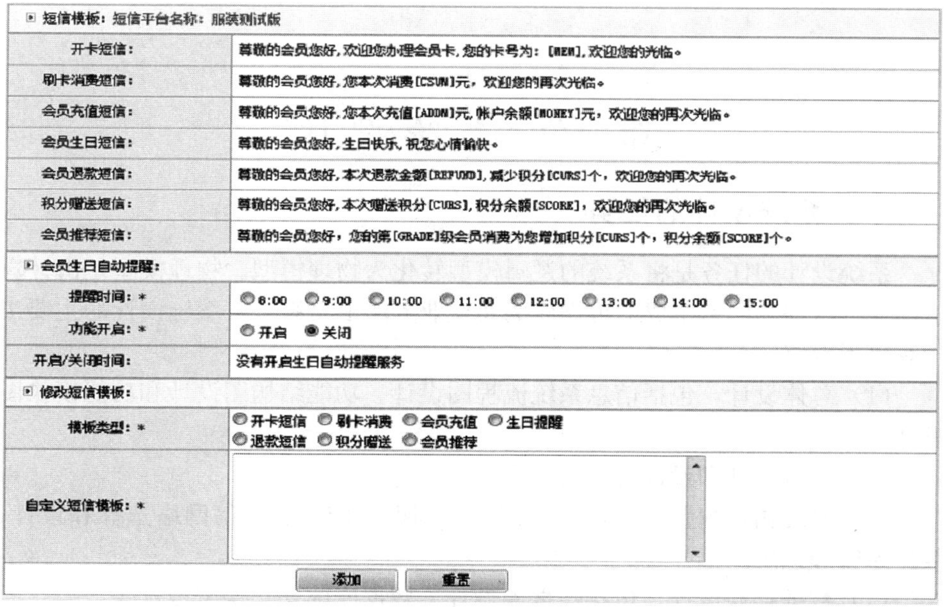

图 3-15　会员信息管理界面

第四章
CHAPTER FOUR
体育管理信息系统的设计

第一节 系统设计

一、系统设计的任务

系统设计的任务是将系统的逻辑模型转化为物理模型。物理模型是由计算机硬件、软件和网络组成的可操作的实现业务的信息系统。系统设计的主要工作有以下五点。

（1）总体设计，包括信息系统流程图设计、功能结构图设计和功能模块图设计等。

（2）代码设计和设计规范的制定。

（3）系统物理配置方案设计，包括外围设备配置、通信网络选择和设计、数据库管理系统的选择等。

（4）数据存储设计，包括数据库设计、数据库的安全保密设计等。

（5）计算机处理过程设计，包括输出输入设计、处理流程图设计和编写程序设计说明书等。

二、系统设计的原则

系统设计应遵循系统性、灵活性、可靠性、经济性等原则。

（1）系统性。系统设计要从整个系统的角度进行考虑，系统代码要统一，设计标准要规范，传递语言要一致，实现数据或信息全局共享，提高数据重用性。

（2）灵活性。为了维持较长的系统生命周期，要求系统具有很好的环境适应性。为此，系统应具有较好的开放性和结构的可变性。在系统设计中，应尽量采用模块化结构，提高数据、程序模块的独立性。这样，既便于模块的修改，又便于增加新的内容，提高系统适应环境变化的能力。

（3）可靠性。可靠性是指系统抗干扰的能力及受外界干扰时的恢复能力。一个成功的管理信息系统必须具有较高的可靠性，如安全保密性、检错及纠错能力、抗病毒能力等。

（4）经济性。经济性是指在满足系统需求的前提下，尽量降低成本。一方面，在硬件投资上不能盲目追求技术上的先进，而应以满足应用需要为前提；另一方面，系统设计中应尽量避免不必要的复杂化，各模块应尽量简洁，以便缩短处理流程、减少处理费用。

第二节　代码设计

一、代码的功能

代码是代表事物名称、属性、状态等的符号。为了便于计算机处理，代码一般用数字、字母或它们的组合来表示。代码的设计和编制问题在系统分析阶段就要开始考虑；需要经过一段时间，在系统设计阶段才能最后确定。代码具有以下功能。

（1）代码为事物提供了一个概要而准确的认定，便于数据的存储和检索，节省时间和空间。

（2）代码提高了处理的效率和精度。按代码对事物进行排序、累计或统计分析，准确高效。

（3）代码提高了数据的一致性。通过统一编码，减少了因数据不一致而造成的错误。

（4）代码是人和计算机进行信息交换的工具。

二、代码的设计原则

合理的编码结构是信息处理系统是否具有生命力的一个重要影响因素，在代码设计时，应注意以下一些问题。

（1）代码在逻辑上必须满足用户的需要，在结构上应当与处理的方法相一致。例如，为了提高处理速度，往往要能够在不调用有关数据文件的情况下，直接根据代码的结构进行统计。

（2）代码对于所代表的事物或属性，应具有唯一性。

（3）设计代码时，要预留足够的空间，以适应不断变化的需要。

（4）代码的编制应标准化、系列化，使代码结构便于理解，较好地表达所对应的事物。

（5）避免使用容易引起误解或易于混淆的字符，如 O、Z、I、S、V 与 0、

2、l、5、U 等。

（6）尽量采用不易出错的代码结构，如"字母-字母-数字"的结构比"字母-数字-字母"的结构发生错误的机会要少一些。

（7）多于 4 个字母或 5 个数字字符时，应分段记忆，这样在读写时不易发生错误，如 139 - 030 - 73022 比 13903073022 易于记忆，并能更精确地被记录下来。

（8）若已知码的位数为 P，每一位上可用字符数为 S_i，则可以组成码的总数为：

$$c = \prod_{i=1}^{p} s_i$$

例如，对于第一位字符必须取 1～9，其余各位字符可以取为 0～9 的 6 位运动员编码，共可容纳的运动员编码数目为：

$$C = 9 * 10^5 = 900000$$

三、代码的类型

代码包括顺序码、区间码、助忆码等类型。

（一）顺序码

顺序码又称系列码，是一种用连续数字代表编码对象的代码。例如，用 1001 代表张三，1002 代表李四等。顺序码的优点是简单，缺点是没有逻辑基础且不便于对代码进行操作。新增加的代码只能列在最后，删除则会造成空码。

（二）区间码

把数据项分成若干组，每一区间代表一个组，码中数字的值和位置都代表一定意义。例如，1 代表厂长，2 代表科长，3 代表科员，4 代表生产工人等。典型的例子是邮政编码。区间码的优点是容易进行数据处理的操作，如排序、分类、检索等。这种代码的长度与分类概念有关，在编码设计时，首先要对各种代码分类进行平衡，避免造成代码冗长。

区间码又可分为以下类型。

（1）多面码。它具有多方面的特性。例如，对于来自不同国家、不同项目的运动员的编码设计，若 1～3 位表示国家，4～7 位表示大类项目，8～10 表示子类项目，11～12 表示年龄阶段。假设 086 表示中国，001 表示田赛，002 表示 200 m，003 表示 20～30 岁年龄阶段，则一个来自中国参与 200 m 赛事的 25 岁运动员编码为"086 - 001 - 002 - 003"。

（2）上下关联区间码。它由几个意义上相互有关的区间码组成。

（3）十进位码。它相当于图书分类中沿用已久的十进位分类码，是由上下关联区间码发展而成的。如 610.736，小数点左边的数字组合代表主要分类，小数点右边的指出子分类。子分类划分虽然很方便，但所占位数长短不齐，不适合计算机处理。显然，只要把代码的位数固定下来，仍可利用计算机处理。

（三）助忆码

助忆码是用文字、数字或文字数字结合起来描述的编码，其特点是可以通过联想帮助记忆。例如，用 TX－DFW－56 代表美国得克萨斯州达拉斯市 56 街区。这种编码方式一般适用于数据项目少于 50 个的情况，否则容易产生错误联想。

四、代码结构中的校验位

代码输入的正确性会直接影响整个信息处理工作的质量。特别是人工处理时，发生错误的可能性更大。为了保证正确输入，在原有代码结构的基础上，另外加上一个校验位，使它真正变成代码的一个组成部分。代码一旦输入，计算机会用事先规定的算法按输入的代码数字计算出校验位，并将它与输入的校验位进行比较，以验证输入是否有错。

常见的代码输入错误有以下方面。

（1）抄写错误，如 1 写成 6。

（2）易位错误，如 1234 写成 1243。

（3）双易位错误，如 12345 写成 14325。

（4）随机错误。

校验位可以检查出这些错误。计算校验位的方法主要有算术级数法、几何级数法、质数法等。它们的基本原理都属于随机数法。其计算过程是：输入原代码—将原代码的各位数分别乘以其权重—计算各代码与其对应权重乘积之和—用一个模数去除乘积之和—所得余数作为校验位—将校验位置于原代码之后，组成新代码。

例如：算术级数法

原代码　　　54321

权重　　　　12345

乘积之和　　$5\times1+4\times2+3\times3+2\times4+1\times5=35$

取 10 为模，所得余数为校验码

$35/10=3\cdots\cdots5$

则，带上校验码的代码为 543215。

几何级数法规定原代码权重为 32、16、8、4、2 等。质数法将原代码权重改为质数系列，如 17、13、7、5、3 等。模数一般取 9~13，若所得余数为 10，校验码取 0。

第三节 系统功能结构设计

一、功能结构设计的含义与特点

　　管理信息系统的各子系统可以看作系统目标下层的功能。系统功能分解的过程就是一个由抽象到具体、由复杂到简单的过程。功能结构图就是按功能从属关系画成的图表，图中每一个方框称为一个功能模块，所以功能结构设计又称为功能模块设计。分解的最小功能模块可以是一个程序中的每个处理过程，而较大的功能模块则可能是完成某一任务的一组程序。

　　经过层层分解，可以把一个复杂的系统分解为多个功能较单一的功能模块。这种把一个信息系统设计成若干模块的方法称为模块化设计方法。模块化是一种重要的设计思想，这种思想把一个复杂的系统分解为一些规模较小的、功能较简单的、更易于建立和修改的部分。一方面，各个模块具有相对独立性，可以分别加以设计实现；另一方面，模块之间的相互关系（如信息交换、调用关系）则通过一定的方式予以说明。各模块在这些关系的约束下共同构成一个统一的整体，完成系统的功能。如图 4-1 所示，健身房器材管理信息子系统被分解为进货、维护、淘汰 3 个子功能，每个子功能还可以继续分解。

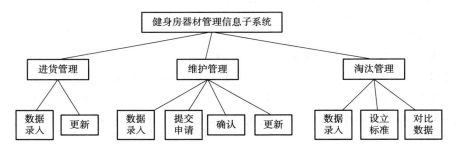

图 4-1　健身房器材管理信息子系统功能结构

　　功能结构设计的特点在于很好的内聚性。内聚性是指一个程序模块执行单独而明确定义功能的适用程度。内聚性好的程序具有好的可变性和可维护性。修改执行独立功能的内聚性模块，对程序中其他功能模块的影响很小，甚至根本没有影响。相反的，如果模块完成许多功能或连接许多不同的处理过程，那么其内聚性就差，产生错误的机会就增加。系统模块之间的相互联系程度叫耦合，如果是紧密耦合，系统将难以维护。大而复杂的模块不但难以修改，而且难以重复使用。因此，功能结构设计的另一特点在于提高重用性。所谓的"封装"模块设计目的之一就是提高系统的可重用性。

二、系统流程图

系统功能结构图主要从功能的角度描述了系统的结构，但并未表达各功能之间的数据传送关系。事实上，系统中许多业务或功能都是通过数据文件联系起来的。例如，某一功能模块向某一数据文件中存入数据，而另一个功能模块则从该数据文件中取出数据。再如，虽然在数据流程图中的某两个功能模块之间原来并没有通过数据文件发生联系，但为了处理方便，在具体实现中有可能在两个处理功能之间设立一个临时的中间文件，以便把它们联系起来。上述这些关系在设计中是通过绘制信息系统流程图从整体上表达出来的。

信息系统流程图是以新系统的数据流程图为基础绘制的。可以按下述思路来绘制信息系统流程图：首先为数据流程图中的处理功能画出数据关系图；然后把各个处理功能的数据关系图综合起来，形成整个系统的数据关系图，即信息系统流程图。

第四节　系统物理配置方案设计

随着信息技术的发展，多种多样的计算机技术产品为信息系统的建设提供了极大的便利，可以根据应用的需要选择性能各异的软件、硬件产品。面对种类繁多的软件、硬件产品时如何选择最合适的，就是系统物理配置方案设计问题。

一、设计依据

设计依据具体包括以下方面。

（1）系统吞吐量。系统吞吐量即每秒钟执行的作业数。系统吞吐量越大，则系统的处理能力就越强。系统吞吐量与系统软件、硬件的选择有着直接的关系，如果要求系统具有较大的吞吐量，就应当选择具有较高性能的计算机和网络系统。

（2）系统响应时间。系统响应时间是指从用户向系统发出一个作业请求开始，经系统处理后给出应答结果的时间。如果要求系统具有较短的响应时间，就应当选择运算速度较快的 CPU 及具有较高传递速率的通信线路，如实时应用系统。

（3）系统可靠性。系统可靠性是指系统可以连续工作的时间。例如，对于每天需要 24 小时连续工作的系统，可以采用双机双工结构方式。

（4）集中式或分布式。如果一个系统采用集中式的处理方式，则信息系统既可以是主机系统，也可以是网络系统；如果一个系统采用分布式的处理方式，则应采用微机网络。

（5）地域范围。对于分布式系统，要根据系统覆盖的范围决定是采用广域网还是采用局域网。

二、计算机硬件及网络选择

计算机硬件的选择主要取决于数据处理方式和运行的软件系统。管理对计算机的基本要求是速度快、容量大、通道能力强、操作灵活方便，但计算机的性能越高，价格就越昂贵。一般来说，如果系统的数据处理是集中式的，系统应用的主要目的是利用计算机的强大计算能力，则可以采用主机——终端系统，以大型机或中小型机作为主机。对于企业管理分布式的应用，采用微机网络更为灵活、经济。

在考虑应用软件对计算机处理能力的需求时，应考虑以下方面：计算机主存，CPU 时钟，输入、输出和通信通道数目，显示方式，外接转储设备及其类型。

对于计算机网络的选择方面，可以采用网络操作系统，如 Netware、Windows NT、UNIX 等。UNIX 历史最早，是唯一能够适用于所有应用平台的网络操作系统；Netware 网络操作系统适用于文件服务器/工作站模式，具有较高的市场占有率；Windows NT 随着 Windows 操作系统的发展和客户机-服务器模式向浏览器-服务器模式延伸，是很有发展前景的网络操作系统。

三、数据库管理系统的选择

管理信息系统是以数据库系统为基础的，一个好的数据库管理系统对管理信息系统的应用有着举足轻重的影响。在数据库管理系统的选择上，主要考虑数据库的性能、数据库管理系统的系统平台、数据库管理系统的安全保密性能、数据的类型。

目前，软件市场上有许多数据库管理系统，如 Oracle、Sybase、SQL Server、Informix、FoxPro 等。Oracle、Sybase 是大型数据库管理系统，运行于客户-服务器模式，是开发大型管理信息系统的首选，FoxPro 在小型管理信息系统中最为流行。Microsoft 推出的 Visual FoxPro 在大型管理信息系统开发中也得到了大量应用，而 Informix 则适用于中型管理信息系统的开发。

四、应用软件的选择

根据应用需求来开发管理信息系统最容易满足用户的特殊管理要求，但是成本较高。随着技术成熟、设计规范、管理思想先进的商品化应用软件的推广，系统设计人员正面临着对应用软件的选择问题：如果直接应用商品化软件，既可以节省投资，又能够规范管理过程、加快系统应用的进度，就不一定要自行开发。

选择应用软件时应考虑以下问题。

（1）是否能够满足用户的需求。根据系统分析的结果，在软件功能上应注意以下问题：系统必须处理哪些事件和数据，软件能否满足数据表示的需要，系统能够产生哪些报告、报表、文档或其他输出，系统要储存的数据量是多少，数据必须满足哪些查询需求。

（2）软件的灵活性。由于存在管理需求上的不确定性，系统应用环境经常会发生变化。因此，应用软件要有足够的灵活性，以适应对软件的输入、输出和系统平台更新要求。

（3）软件的技术支持。对于商品化软件，稳定的技术支持是必需的。这一方面是为了保证软件能够满足需求的变化，另一方面是便于今后随着需求变化而不断升级。

（4）相关企业对应用软件的选择情况。要参考相关企业应用软件的情况，了解软件使用过程中遇到的困难和新的需求，将这些困难克服和需求满足的情况作为选择软件的参考标准。

第五节　输出设计和输入设计

输出是系统产生的结果或提供的信息。对于大多数用户来说，输出是系统开发目的和使用效果评价的标准。尽管有些用户可能直接使用系统或从系统输入数据，但都要应用系统输出的信息，输出设计的目的正是为了正确及时地反映和组成用于生产和服务部门的有用信息。因此，系统设计过程与实施过程相反，是从输出设计到输入设计，即先确定要得到哪些信息，再考虑为了得到这些信息而需要准备哪些原始资料作为输入。

一、输出设计

（一）输出设计的内容

输出设计的内容包括输出信息使用、信息内容、输出格式、输出设备等。

（1）输出信息使用方面的内容。它包括信息的使用者、使用目的、报告量、使用周期、有效期、保管方法和复写份数等。

（2）输出信息的内容。它包括输出项目、位数、数据形式（文字、数字）等。

（3）输出格式的设计，如表格、图形或文件等。

（4）输出设备的选择，如打印机、显示器、卡片输出机等。

（二）输出设计的方法

在系统设计阶段，设计人员应给出系统输出的说明，这个说明既是将来编程人员在软件开发时进行实际输出设计的依据，也是用户评价系统实用性的依据。输出的信息主要有以下三种。

（1）表格信息。表格信息以表格的形式提供，一般用来表示详细的信息。

（2）图形信息。管理信息系统用到的图形信息主要有直方图、饼图、曲线图、地图等。图形信息在表示事物的趋势、多方面的比较等方面有较大的优势，可以充分利用大量历史数据的综合信息，表现方式直观，常为决策用户所喜爱。

（3）图标。图标也用来表示数据间的比例关系和比较情况。由于图标易于辨认，无须过多解释，在信息系统中的应用也日益广泛。

（三）输出报告

输出报告标出了各常量、变量的详细信息，也给出了各种统计量及其计算公式、控制方法。设计输出报告时要注意以下五点。

（1）方便使用者。要照顾到各个年龄阶段、各个学历层次、各个部门的用户的使用习惯，输出符合特定用户需求的报告格式和报告内容。

（2）要考虑系统的硬件性能。要根据系统的硬件性能设计输出报告的格式。输出的格式要以硬件能力为根据，并试制输出样品，经用户同意后才能正式使用。

（3）尽量利用原系统的输出格式，确需修改，应与有关部门协商，征得用户同意。

（4）输出表格要考虑系统发展需要。例如，是否在输出表中留出位置，满足将来新增项目的需要。

（5）保持输出内容和格式的统一性，提高系统的规范化程度和编程效率。对于同一内容的输出，在显示器、打印机、文本文件和数据库文件上都应具有一致的格式。

二、输入设计

输出数据的正确性直接影响处理结果的正确性，如果输入数据有误，即使计算和处理过程正确，也无法获得可靠的输出信息。同时，输入设计决定着人机交互的效率。

（一）输入设计的原则

输入设计包括数据规范和数据准备过程。提高效率和减少错误是两个最根本的原则。具体的原则如下。

（1）控制人工输入量。由于数据录入工作一般需要人的参与，数据输入速度与计算机处理相比较为缓慢，系统在大多数时间都处于等待状态，效率显著降低，增加系统的运行成本。因此，在输入设计中，应尽量控制人工输入数据总量。在实际输入数据时，只需输入基本数据，其他数据可以通过计算由系统自动产生。

（2）减少输入延迟。输入数据的速度往往成为提高信息系统运行效率的瓶颈，为减少延迟，可以采用周转文件、批量输入等方式。

（3）减少输入错误。输入设计中应采用多种输入校验方法和有效性验证技术，以减少输入错误。

（4）避免额外步骤，简化输入过程。应尽量避免不必要的输入步骤，输入设计在为用户提供纠错和输入校验的同时，应保证输入过程简单易用。

（二）输入检验

在输入设计中，要设想其可能发生的输入数据错误，对其进行校验。常见的输入错误有以下三种。

（1）数据本身错误。这是指由于原始数据填写错误引起的输入数据错误。

（2）数据多余或不足。这是在数据收集过程中产生的差错，如数据单据、卡片等的遗漏或重复等原因引起的数据错误。

（3）数据的延误。虽然数据本身正确，如内容和数据量正确，但是数据的处理时间超过了数据使用时间而导致数据失去应有的价值。因此，数据的收集与运行必须具有一定的缓冲时间并事先确定对数据延迟的处理对策。

为了避免输入错误，系统要对输入的数据进行检验，设计校验错误数据的方法。校验数据常通过人工直接检查、计算机程序校验、人工与计算机分别处理后再相互查验。常用的检验数据的方法有以下五种，可单独使用，也可组合使用。

（1）重复校验。这种方法将同一数据先后输入两次，然后由计算机程序自动予以对比校验，若两次输入结果不同则错误。

（2）视觉校验。在输入的同时，由计算机打印或显示输入数据，然后与原始单据进行比较。视觉校验的查错率为 $75\% \sim 85\%$。

（3）检验位校验。在数据中加入校验位，方法可参考本章第二节。

（4）控制总数校验。首先用人工算出输入数据总数，然后由计算机程序累计输入总数，将两者对比校验。

（5）逻辑校验。根据各种数据的逻辑性来检查有无矛盾。例如，月份超过12即为出错。

通过校验发现输入错误后，应及时纠正数据。改正错误的方法有以下两种。

（1）原始数据出错。发现原始数据有错时，应将原始单据送交填写单据的原单位修改，不应由键盘输入操作员或原始数据检查员等想当然地予以修改。

（2）机器自动检错。当由机器自动检错时，出错的恢复方法有四种。一是待输入数据全部校验并改正后，再进行下一步处理。二是舍弃出错数据，只处理正确的数据，适用于不需要太精确的输出数据，如求百分比。三是只处理正确的数据，出错数据待修正后再进行同法处理。四是剔出出错数据，继续进行处理，出错数据留待下一运行周期一并处理，该方法适用于运行周期短且剔出的错误不致引起输出信息正确性显著下降的场合。

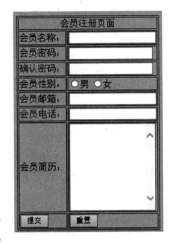

图4-2　会员注册页面

（三）输入页面设计

目前广泛使用的输入方式是在网页上通过人机对话输入。人机对话，既有用户输入，又有计算机输出。人机对话通常采用菜单式、填表法和应答式三种方式。图4-2是某健身房管理信息系统中"会员注册页面"的终端录入页面设计示例。设计时尽可能引导用户录入，如以选代输、输入格式提示等，方便用户输入，同时减少输入错误。

第六节　文件与数据库设计

管理信息系统是在文件系统或数据库系统的基础上设计和实现的，而文件是数据管理，即存储和维护数据的基本方式。文件设计就是根据文件的使用要求、处理方式、存储量、数据的活动性以及硬件设备的条件等，合理地确定文件类别，选择文件介质，决定文件的组织方式和存取方法。

一、文件的分类

根据不同的标准，文件有不同的分类。

按文件的存储介质分类，可把文件分为卡片文件、磁盘文件和打印文件等。按文件的信息流向分类，可把文件分为输入文件、输出文件和输入输出文件。按文件的组织方式分类，可把文件分为顺序文件、索引文件和直接存取文件。按文件的用途分类，可把文件分为主文件、处理文件、工作文件、周转文件、其他文件。这里介绍的文件用途分类的文件类型。

（1）主文件。主文件是系统中最重要的共享文件，主要存放具有固定位属性的数据。

（2）处理文件。处理文件又称事务文件，用来存放事务数据的临时文件，包含了对主文件进行更新的全部数据。

（3）工作文件。工作文件是处理过程中暂时存放数据的文件。如排序过程中建立的排序文件等。

（4）周转文件。周转文件用来存放具有固定个体变动属性的数据。例如，工资子系统中的交税扣款文件。

（5）其他文件。它是指除了以上文件的一些其他类型的文件，例如，主文件、处理文件、周转文件的副本——后备文件，可以使上述文件遭到损坏时及时恢复。

二、文件设计

设计文件之前，首先要确定数据处理的方式、文件的存储介质、计算机操作系统提供的文件组织方式、存取方式和对存取时间、处理时间的要求等。

文件设计通常从设计共享文件开始，这是因为共享文件与其他文件的关系密切，先设计共享文件，其他文件中与它相同的数据项目就可以用它作基准，尽量求得一致。

文件由记录组成，所以设计文件主要是设计文件记录的格式。例如，每一数据项的名称、变量名、类型、宽度和小数位数。记录设计中还应注明记录由哪个程序形成，又输出到哪个程序。文件设计还应考虑文件的管理问题。

三、数据库设计

数据库设计是在选定的数据库管理系统基础上建立数据库的过程。数据库设计除用户要求分析外，还包括概念结构设计、逻辑结构设计和物理结构设计等三个阶段。

（一）数据库设计的要求

数据库设计的核心是确定一个满足以下三个要求的合适的数据模型。

（1）符合用户的要求。它既能包含用户需要处理的所有数据，又能支持用户提出的所有处理功能的实现。

（2）能被现有的数据库管理系统所接受。如 MySQL、SQL Server。

（3）具有较高的质量。如便于维护、易理解、具有较高的完整性等。

（二）数据库设计的步骤

数据库设计大致经过概念结构设计、逻辑结构设计、物理结构设计三个步骤。

1. 数据库概念结构设计

建立数据库的概念模型需要从现实中抽取数据实体、数据关系和数据属性等元素。最常用的用来描述数据库概念模型的工具是实体联系图（Entity -

Relationship Diagram，ERD）。

（1）实体。实体是指客观存在并相互区别的事物，可以是具体的，也可以是抽象的。例如，学生与课程等。凡是可以互相区别、又可以被人们识别的事物、概念等统统可以被抽象为实体。

（2）联系。实体和实体之间的关系被抽象为联系。联系分为一对一、一对多或多对多三种。例如，"学生"与"课程"之间有"选课"关系。这种实体和实体之间的关系被抽象为联系。在实体联系图中，联系用联结有关实体的菱形框表示。联系可以是一对一（1：1）、一对多（1：N）或多对多（M：N）的，这一点在实体联系图中也要说明。例如，某企业与该企业法人代表之间的关系就是一对一的关系，企业与员工是一对多的关系。

（3）属性。属性是指实体的特征。例如，每个职工具有职工编号、姓名、性别和年龄等特征，这些就是他的属性。联系也可以有属性，例如，学生选修某门课程，"学期"既不是学生的属性，也不是课程的属性，因为它依赖于某个特定的学生，又依赖于某门特定的课程，所以它是学生与课程之间的联系、"选课"的属性。联系具有属性这一概念对于理解数据的语义是非常重要的。

（4）主键。主键是指能唯一地标识该实体而其任何真子集无此性质的属性或属性组。如果一个实体有多个主键存在，则可选中一个最常用的作为实体的主键。例如，实体"职工"的主键是职工编号，一个职工的编号确定了，那么他的姓名、性别和年龄等属性也就确定了。在 ERD 中，常在作为主键的属性或属性组与相应实体的连线上加一下划线表示。

图 4-3 为 ERD 中属性、实体、联系的表现形式。

属性   实体   联系

图 4-3　ERD 中属性、实体、联系的表现形式

图 4-4 为职工与产品的 E-R 实例。其中，职工实体具有职工编号、姓名、工种等属性，产品实体具有产品编号、产品名称和型号等属性，两个实体之间的关系是"生产"。"职工"与"产品"是多对多的"生产"联系。

2. 数据库逻辑结构设计

（1）关系模式应符合的规范化要求。数据库逻辑结构设计主要是将 ERD 转换为关系模式，设计关系模式时应符合规范化要求。常用的范式有第一范式、第二范式、第三范式。

①第一范式（First Normal Form，1NF）。属于第一范式的关系应满足的

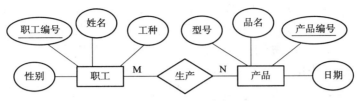

图 4-4　E-R 实例

基本条件是元组中的每一个分量都必须是不可分割的数据项。即第一范式是指在同一表中没有重复项存在。例如，表 4-1 所示的关系不符合第一范式，表 4-2 则是去掉了重复项而符合第一范式的关系。

表 4-1　不符合第一范式的关系

员工代码	姓名	工资	
		基本工资	提成
001	张三	2450	3600
002	李四	2450	2800

表 4-2　符合第一范式的关系

员工代码	姓名	基本工资	提成
001	张三	2450	3600
002	李四	2450	2800

②第二范式（Second Normal Form，2NF）。它是指这种关系不但满足第一范式，而且所有非主属性完全依赖于其主码。当一种关系满足第一范式而不满足第二范式时，解决的方法是将一个非 2NF 的关系模式分解为多个 2NF 的关系模式。

③第三范式（Third Normal Form，3NF）。它是指这种关系不但满足第二范式，而且它的任何一个非主属性都不传递依赖于任何主码。

（2）关系模式的转换规则。将 ERD 转换为关系模式的规则有以下三种。一是将实体转换为关系。将 ERD 中的每一个实体转换为一个关系，实体名为关系名，实体的属性为关系的属性。

二是把联系转换为关系。一对一的联系和一对多的联系无须转换为关系。多对多的联系转换为关系的方法是将两个实体的主关键字抽取出来建立一个新关系，新关系中根据需要加入一些属性，新关系的主关键字为两个实体的关键字的组合。例如，学生与课程为多对多的联系，将学号、课程号抽取出来建立一个新关系"成绩"，即成绩（学生编号、课程号、成绩），主关键字为学生编号＋课程号。

三是将关系进行规范化处理。通过对关系进行规范化处理，对关系模式进行优化设计，获得更好的关系模式。假设有一个关系模式：学生成绩（学号、姓名、班级、课程号、成绩），下面对该关系模式进行分析。

该关系模式中的每个属性不可再分，也没有重复的属性和元组，它满足1NF。但该关系模式存在数据冗余之类的问题，例如，同一个学生增加一门课程就要重复出现学号、姓名、班级，造成数据冗余；修改某学生某些记录的姓名、班级，而另外一些记录相应的地方却没有修改，造成数据不一致，即更新异常；如果某学生没有参加考试，则他的学号、姓名、班级就不会输入，造成数据的不完整，即插入异常；如果删除某学生所有的成绩，则该学生的学号、姓名、班级就会丢失，造成数据的不完整，即删除异常。

该关系模式中的姓名、班级完全依赖于学号，但成绩却依赖于"学号＋课程号"，不满足2NF。如果分解为两个关系：学生（学号、姓名、班级）和成绩（学号、课程号、成绩），则消除了部分依赖，两个关系都满足2NF。同时分解后的两个关系不存在传递依赖，也满足3NF。

3. 数据库物理结构设计

数据库的物理结构为数据库在物理设备上的存储结构与存取方法。数据库的物理设计即为一个给定的逻辑数据模型选取一个最适合于应用的物理结构。数据库的物理设计依赖于所选的数据库管理系统的特点和需要开发的软件系统对处理频率、响应时间的要求等。

物理结构设计的主要内容包括以下四个方面。

第一，在确定数据的存储结构时，首先要确定数据的存储空间，即确定每个数据项的类型和字节数（包括小数位），对应数据字典中数据项定义的"类型及宽度"说明。

第二，数据库文件的组织形式，如选用顺序文件组织形式、索引文件组织形式等。

第三，存储介质的分配，如将存取频繁、易变的数据存放在高速存储器上，将存取频度小、稳定的数据存放在低速存储器上。

第四，选择存取路径等。

第七节　系统设计规范说明

一、处理流程图的设计

信息系统的处理流程图是系统流程图的展开和具体化，其内容更为详细。在系统流程图中，只是给出了每一处理功能的名称，而在处理流程图中，则需要使用各种符号具体地规范处理过程的每一步骤。

系统中每一个功能模块都可以作为一个独立子系统分别进行设计。由于每个处理功能都有自己的输入和输出，对处理功能的设计过程也应从输出开始，进而进行输入、数据文件的设计，并画出较详细的处理流程图。

二、制定设计规范

在系统处理流程图中，详细地列举了系统的程序与数据文件的数量。但是如果不对系统内部的程序、文件和处理方法在事前统筹命名、统一标准，那么将来无论在系统的使用、操作方面，或者在管理方面，都会造成极大的混乱。为此，应尽早从系统的角度全面考虑，制定设计规范。这种规范是整个系统的共用标准，它具体地规定了文件名和程序名的统一格式、编码结构、代码结构、统一的度量名等。

三、程序设计说明书与系统设计报告

程序设计说明书是以每个处理过程作为单位，定义处理过程的书面文件。这种说明书由系统设计员编写，交给程序员使用。程序员根据说明书指示的内容进行程序设计。当采用原型法进行系统开发时，这个工作是以用户为主来完成的。

程序设计说明书应当包括以下内容：程序名、所属系统及子系统名、程序的功能、程序的输入输出数据关系图、输入文件和输出文件的格式、程序处理说明（包括计算公式、决策表以及控制方法等）。

系统设计工作结束后，要提交系统设计报告，其内容包括系统总体设计方案、代码设计方案、输入和输出设计方案、文件设计方案、程序模块说明书。

第八节 系统设计案例——运动损伤监测系统的设计

一、系统的用途

运动医学领域一直致力于提升为运动和非运动人群提供优质护理的能力。来自多个不同医学和辅助医学学科的专业人员对运动损伤的早期识别和护理方面一直处于主导地位。由团队医师、运动训练师、理疗师、教练和运动员组成的运动损伤处理团队，其主要功能是利用各自的技能来监督运动员的健康。

对于医生而言，重要的是要了解并同意由运动教练管理的日常损伤护理计划。同时，运动教练必须理解并遵循医师规定的程序。为了维护医生和运动教练之间的联系，FlanTech 公司设计了运动损伤监测系统（Sports Injury

Monitoring System，SIMS）以帮助运动损伤处理团队成员之间的沟通。

　　SIMS 是市场上较为完整和全面的损伤跟踪软件。SIMS 可用作病历数据库，个人、会议或联赛数据收集的研究工具。该软件提供与运动损伤相关的完整记录，包括临床表现、运动员状况、运动员活动情况和比赛条件。SIMS 在损伤记录中添加了定期监视运动员康复和恢复参与的功能。除了损伤记录，SIMS 还可以记录运动员的运动、力量、疼痛、肿胀和不稳定性的日常情况。它还可以生成和修改治疗方案的文档，以适应运动员的整体康复情况。

　　为了从记录的数据中获得最大的效用，SIMS 提供了一系列一致的报告，即源于日常进度报告的教练报告、活动损伤清单和主管报告。可以生成数据文件并将其用于统计包中，用于分析本地数据，并可以开发简单的图形和图表来满足各个机构的需求。

二、系统功能

　　SIMS 用户界面非常直观，只需几分钟即可了解该程序的使用方法。SIMS 包含的功能模块有以下 11 个。

（一）运动员管理

存储基本的个人信息、紧急联络人、保险信息、病历、医疗警报等信息。

（二）损伤和疾病管理

记录与受伤发作有关的时间、事件和其他因素，包括可供选择的 4 200 多种医学诊断。

（三）受伤恢复管理

跟踪、跟进相关的治疗、修复、诊断测试和其他程序，记录 SOAP 注释和损伤评估。

（四）医生就诊管理

安排即将到来的访问并记录过去访问的结果。

（五）活动日历管理

记录运动员的运动项目、练习和训练条件。SIMS 报告使用此信息来计算每次损伤遗漏的运动和做法的计数。

（六）药品库存管理

跟踪分配给运动员的药物和现有数量，当数量低于指定的库存量时提醒用户。

（七）保险账单管理

记录服务项目的详细信息和运动员收到的账单或付款。

（八）脑震荡评估管理

维护各种脑震荡评估工具的结果历史记录，包括 ImPACT、SAC、BESS

和一般症状清单。

（九）推荐人管理

为运动员生成推荐表，并记录来自医生和其他医疗保健提供者的推荐。

（十）报告书管理

数十种可自定义的报告都可以导出为 PDF、Excel、Word 和其他格式。直接从 SIMS 打印或通过电子邮件发送。

（十一）安全管理

用户账户可以设置访问权限。添加数据库加密附加组件，以增加安全性。

第九节　SIMS 系统的主要功能及界面设计

一、启动管理

（一）团队设置

首次启动 SIMS 系统时，只会启用一个团队。如果要启用其他团队，则应从 SIMS 菜单中选择"工具/向导/团队设置"（Tools/Wizards/Team Setup），按照提示在数据库中选择要追踪的团队。建立团队后，可以使用主视图顶部的链接来显示不同的团队（图 4 - 5），甚至可以显示多个团队。

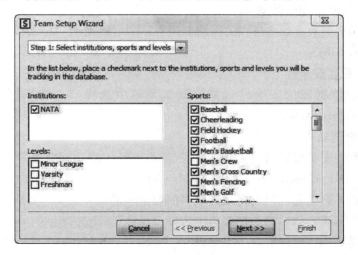

图 4 - 5　团队设置界面

（二）内科医生与体育教练管理

许多 SIMS 记录类型都会提示用户从"运动训练者/医师"列表中进行选择。因此，在开始输入运动员和伤病之前，最好先设置这些列表。从菜单中选择"工具/查找列表/医师和运动训练师"（Tools/Lookup Lists/ Physicians and Athletic Trainers）。在此窗口中，使用添加按钮将医生和运动教练添加到列表中（图4-6）。

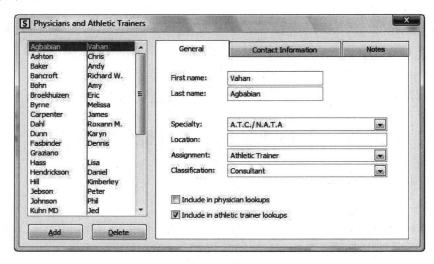

图4-6　内科医生和体育教练信息录入界面

（三）导入运动员数据

如果用户具有Excel格式的运动员列表，则可以使用"导入向导"将这些运动员导入SIMS。

（四）配置安全性

要配置数据库的安全性设置，就从菜单中选择"工具/安全性/设置"（Tools/Security/Settings）。

1. 安全选项

最重要的安全设置进行"要求用户名和密码才能访问数据库"（Require user name and password to access database setting.）设置（图4-7）。如果未启用此设置，则其他任何安全设置对当前数据库都没有意义。要启用或禁用此功能，单击右键，然后从下拉菜单中选择"属性"（Properties）。

还可以使用"跟踪登录历史记录"（Track logon history）和"跟踪失败的登录"（Track failed logons settings）设置。这些设置使用户可以保留成功和/或失败的数据库登录历史记录。用户可以通过从"安全性"窗口菜单中选择"查看/登录历史记录"（View/Logon History）来查看历史记录。

2. 账户锁定和密码策略

账户锁定和密码设置旨在通过最大程度减少猜测账户密码所带来的泄密威

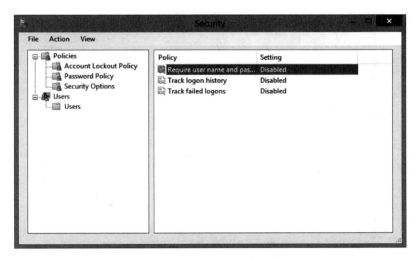

图 4-7　安全设置界面

胁来保护数据库。可以使用以下设置。

（1）账户锁定阈值。此设置确定导致用户账户被锁定的连续失败的登录尝试次数。锁定账户只有在管理员重置或账户的锁定时间到期后才能使用。

（2）账户锁定持续时间。此设置确定锁定的账户在自动解锁之前保持锁定状态的分钟数。

（3）最长密码使用期限。此设置确定在要求用户更改密码之前可以使用密码的时间段。

（4）最小密码长度。此设置确定用户账户密码可以包含的最少字符数。

（5）密码必须满足复杂性要求。此设置确定密码是否必须满足复杂性要求。如果启用此设置，则密码必须满足以下最低要求：至少六个字符，并且包含英文大写字母（A 到 Z）、英文小写字母（a 到 z）、数字（0 到 9）、非字母字符（如!，$，♯,%）四个类别中的三个类别的字符。

3. 用户账号

要添加新用户，请从"安全性"窗口菜单中选择"操作/新用户"（Action/New User）。要编辑现有用户，双击该用户的名称，或者突出显示该名称，然后从菜单中选择"操作/属性"（Action/Properties）。

用户账户属性窗口的"常规"（General）选项卡允许用户设置账户的用户名和相关密码（图 4-8）。"团队访问"（Team Access）选项卡使用户可以定义用户将在数据库中访问的团队。"功能访问"（Feature Access）选项卡使用户可以授予管理员访问权限，或者限制用户有权访问数据库中的哪些功能。

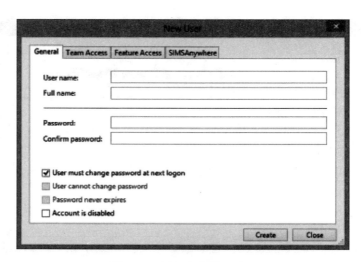

图 4-8　用户账户设置界面

二、运动员管理

"运动员"视图显示了运动员列表，可以使用复选框选择仅显示当前花名册或所有花名册成员（过去和现在）。

（一）网格显示选项

有许多选项可帮助用户自定义网格中显示的数据。通过右键单击"姓氏"或"名字"列的标题，可以将几列（如 ID 字段、DOB、身高和体重）添加到网格中（图 4-9）。用户还可以通过右键单击列标名称并选择"允许对此列进行编辑"，直接从网格中对某些列进行编辑。

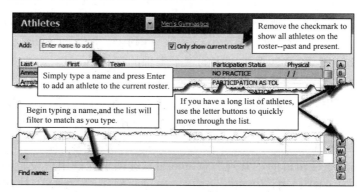

图 4-9　运动员管理界面

（二）增加运动员

有以下四种添加新运动员记录的方法。

（1）添加运动员的最快方法是在"运动员"网格上方的"添加"（Add）框中键入他们的姓名。当用户仅选择一个团队时，此方法最有效，因为这会自动将运动员添加到当前团队中。

（2）右键单击"运动员"网格，然后选择"新运动员"。

（3）在工具栏上单击 ▲ 按钮。

（4）从菜单中选择"文件/新建/运动员"（File/New/Athlete）。

（三）编辑窗口

每当用户添加新记录或通过双击运动员的名字来编辑现有记录时，都会出现"运动员编辑"窗口（图 4 - 10）。

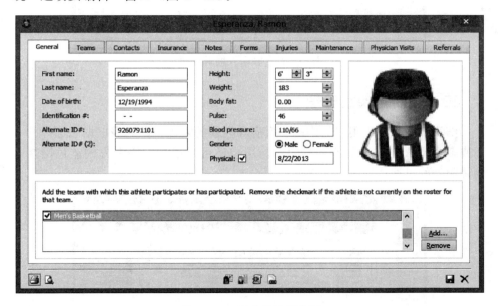

图 4 - 10　运动员编辑界面

1. 常规（General）选项

常规选项栏包含运动员的基本人口统计信息，如姓名、DOB、性别等。在选项栏的底部，"添加……"（Add...）和"删除"（Remove）按钮用于指示运动员所属的或曾经参加过的团队。系统将根据所选性别显示默认运动员图像。用户也可以双击图像为运动员选择自定义图像。

2. 联系人（Contacts）选项

使用"联系人"选项，用户可以输入与运动员相关的无限数量的联系人记

录。其中可能包括运动员的当前地址和永久地址，以及紧急联络人、医生等
（图 4 - 11）。

图 4 - 11　联系人编辑界面

三、损伤与疾病管理

伤病界面显示了用户的伤病、疾病和问题的列表，该列表根据您选择的一
个或多个团队进行筛选（图 4 - 12）。用户还可以单击网格上方的蓝色链接来
设置额外的过滤选项。

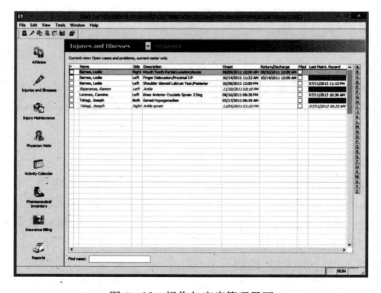

图 4 - 12　损伤与疾病管理界面

（一）视觉提示（Visual Cues）

损伤和疾病根据其类型、状态和其他一些条件在主网格中的显示方式有所不同。

（1）未解决的问题（open problems）。未解决的问题以绿色斜体显示。

（2）已解决的问题（closed problems）。已分配出院日期的已解决问题以灰色斜体显示，未指定出院日期的已解决问题以红色斜体显示。

（3）未结案例（open cases）。未指定归还日期的未结案例以黑色字体显示，已分配退货日期的未结案例以深蓝色字体显示。

（4）已结案例（closed cases）。已分配退货日期的结案案例以灰色字体显示。

（5）如果最新损伤护理记录发生在 8～14 天，则其日期将以绿色的 Last Maint 突出显示。

（6）如果最新损伤护理记录发生在 15～21 天，则其日期将以黄色的"最后维护"突出显示。

（7）如果最新损伤护理记录发生在 21 天之前，则其日期将以红色的"最后维护"突出显示。

（8）如果最近的损伤护理记录是通过 SIMS 训练室同伴输入的，并且没有被检查过，那么它的日期将以粉红色突出显示

（二）增加新的损伤记录

有以下三种添加新的损伤/疾病和问题记录的方法。

（1）右键单击"损伤和疾病"网格，然后选择"新损伤/疾病或问题"（New Injury/Illness or Problem）（图 4 - 13）。

（2）单击工具栏中的 ✐ 按钮。

（3）从菜单中选择"文件/新建/损伤/疾病"（File/New/Injury/Illness）。

（三）损伤/疾病的编辑窗口

当在添加新记录时选择"损伤/疾病"，或者当通过双击运动员的名字来编辑现有的损伤/疾病记录时，"损伤/疾病"编辑窗口都会出现（图 4 - 14）。

1. 常规（General）**选项**

"常规"选项包含损伤的基本细节，如临床表现、发病和复发日期以及发病描述。

临床表现用于描述运动所引起的损伤/疾病的类型。一旦医生确认运动员的临床表现，就可以将其指定为医师诊断。

SIMS 有 4 000 多种临床表现可供选择。要选择临床表现，单击"临床表现（Clinical impressions）"链接，或者从下拉列表中选择"添加/删除临床表现……"。输入新的损伤时，默认列表将显示"常用"临床表现。通过右键单击项目并选择"常用"，可以将任何临床表现指定为"常用"。

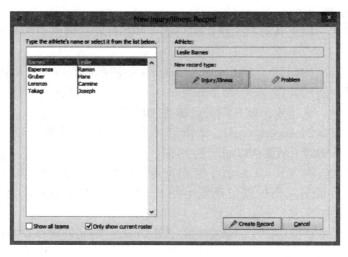

图 4-13　新损伤增加界面

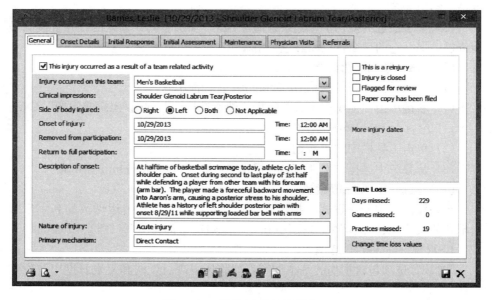

图 4-14　损伤/疾病的编辑窗口

　　如果用户的临床表现已被医生诊断确认，就在窗口的"医师诊断"区域中选中该复选框。系统将提示用户输入诊断日期、医师和所有相关注释。

　　2. 发病细节（Onset Details）

　　"发病细节"选项允许用户记录有关损伤发作的特定详细信息（图 4-15）。仅当在"常规"选项卡上将损伤指定为与团队相关时，才表示此选项卡，这意味着损伤是由于与团队训练相关的活动而发生的。

图 4 - 15　发病细节标签界面

团队活动（Team Activity）字段用于指示发生损伤的活动，并将损伤链接到活动日历记录。从"团队活动"下拉列表中可以找到在"常规"选项卡上为所选团队输入的、已在选定的开始日期发生的任何活动。装备（Equipment）部分可让用户记录运动员受伤时穿戴的适用装备。

四、损伤康复功能

损伤康复功能的目的是存储后续事件，如治疗和康复程序，以及进度、注释和评估。

"损伤康复"窗口显示损伤康复记录的列表（图 4 - 16），并根据日期范围和所选的一个或多个团队进行过滤。用户可以通过单击网格上方的蓝色日期范围链接来更改日期范围，也可以单击箭头按钮向前或向后移动一天。

（一）添加损伤维护记录

有以下三种添加新的损伤维护记录的方法。

（1）右键单击"损伤维护"网格，然后选择"新建维护记录"。

（2）单击工具栏中的按钮。

（3）从菜单中选择"文件/新建/维护记录"（File/New/Maintenance）。

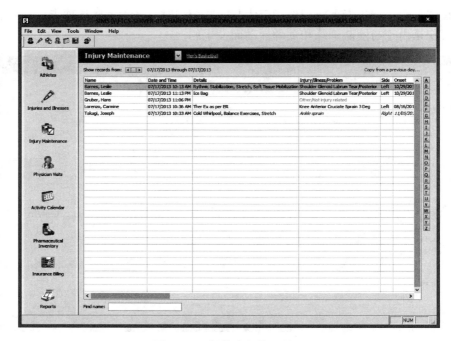

图 4 - 16　损伤康复管理界面

以上每种方法都将调用"新损伤康复记录"窗口（图 4 - 17）。

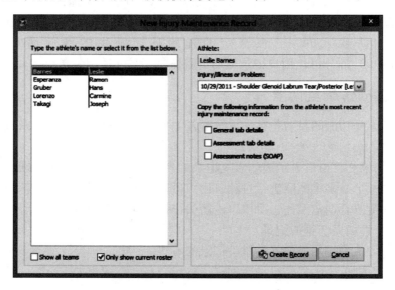

图 4 - 17　新损伤康复记录界面

在此窗口中，从列表中选择一个名称，并指明记录将链接到"损伤/疾病/问题"。如果要在列表中快速找到运动员，就输入运动员的姓氏，系统会自动过滤列表。用户还可以使用"显示所有团队"（Show all teams）和"仅显示当前花名册"（Only show current roster）复选框来过滤列表。

（二）编辑窗口

当用户添加新记录或双击运动员的名字来编辑现有的损伤康复记录时，"损伤康复"编辑窗口都会出现（图 4-18）。

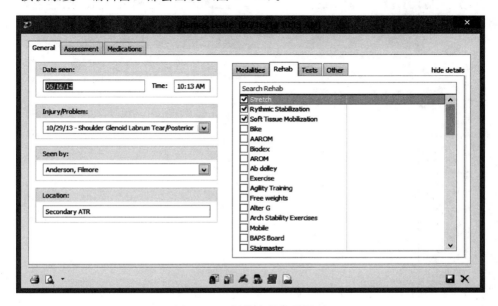

图 4-18 损伤康复编辑界面

1. 常规选项

"常规"选项卡包含后续活动的详细信息，包括日期和时间、相关的受伤情况、看过运动员的人以及在哪里看到他们。此外，还提供了四个清单选项卡来记录相关过程：模态（Modalities）、修复（Rehab）、测试（Tests）和其他（Other）。

2. 评估标签

"评估"选项卡使用户可以在随访时记录对受影响的身体部位的评估。"损伤的解决方案"滑动条可让用户指示损伤恢复进度的估计。损伤时的进度率为 0，损伤完全治愈后的进度率为 100%。

3. 药物标签

"药物"标签可让用户记录随访时给予的任何药物。单击添加药物按钮以打开新药品交易向导。

五、医师就诊管理

"医师就诊"界面显示用户计划和/或参加的医师就诊的列表（图 4-19），并根据用户选择的一个或多个团队进行过滤。用户也可以单击网格上方的蓝色链接来设置其他过滤选项。

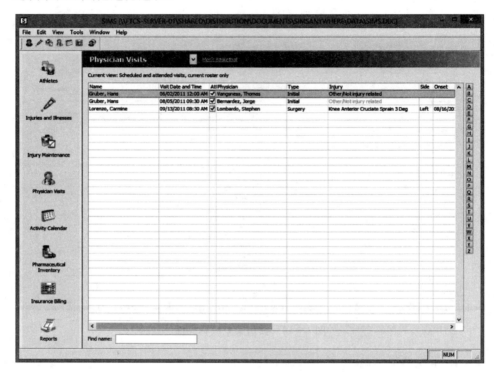

图 4-19 医师就诊界面

（一）增加新的医师就诊

有以下三种添加新医师访问记录的方法。

（1）右键单击 Physician Visits 网格，然后选择"New Visit..."。

（2）单击工具栏中的 按钮。

（3）从菜单中选择"文件/新文件/医师访问"（File/New/Physician Visit）。

上述每种方法都将调用"新医师访问记录"（New Physician Visit Record）窗口（图 4-20）。在此窗口中，从列表中选择一个名称，并指明记录将链接到的"损伤/疾病/问题"。如果要在列表中快速找到运动员，就输入运动员的姓氏，系统会自动过滤运动员记录，显示用户所需的数据。

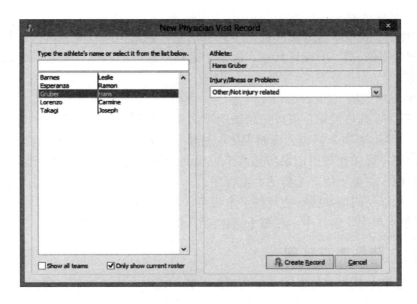

图 4 - 20 新医师访问记录界面

（二）编辑窗口

当用户添加新记录或双击运动员姓名来编辑现有访问记录时，都会出现"医生访问"编辑窗口（图 4 - 21）。

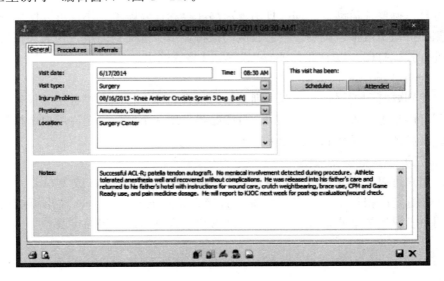

图 4 - 21 医生访问编辑窗口

1. 常规选项（General）

"常规"选项卡包含访问的基本详细信息，包括访问日期和时间、访问类型、相关损伤、计划/就诊状态、医生、运动员诊治的部位以及有关访问的一般说明。

2. 程序选项（Procedures）

"程序"选项使用户可以记录访问期间进行的测试。选择非手术访问类型后，"程序"选项卡将包含诊断程序的清单。在核对清单的右侧，有一个文本区域，用户可以在其中记录所选每个过程的结果。选择手术访问类型后，"程序"选项卡将显示用户选择的手术程序。

要选择访问期间执行的外科手术程序，单击"选择程序"链接。在出现的"选择手术程序"窗口中，在每个适用的手术程序旁打一个对勾。

六、药品库存管理

药品清单使用户可以记录配药情况并管理现有药物的数量。其具体功能包括药品编号追踪、添加和编辑药物储存记录、交易记录、更正交易记录、修改历史记录。

七、报告书输出功能

"报告"界面中提供了大多数 SIMS 报告。报告分为几个不同的类别，包括每日、摘要、运动员、训练日历、药品库存和保险账单。用户可以使用视图左侧的按钮更改报告类别。按钮右侧的框将显示所选类别的报告列表。报告有两种方式：打印，以 PDF、Excel 或 Word 格式输出。

（一）打印

找到要打印的报告后，双击列表中的报告名称。将出现"自定义报告"窗口，可用于配置报告的显示方式。打印时将出现一个窗口，允许用户选择打印机、页面范围、份数和其他相关选项。

（二）以其他格式输出

用户可以采用几种不同的格式导出报告，如 PDF、Excel 或 Word。

在选定的报告中，可将报告输出直接发送到 Excel。Excel 输出可能会忽略用户已设置的某些报告选项，并且通常会包含其他未设置的字段。

第五章 CHAPTER FIVE

体育管理信息系统的
实施与维护

第一节　系统实施的工作内容

一、系统实施的工作内容

系统设计说明书经审核批准后，就进入系统实施阶段，即新系统付诸实现的实践阶段。系统实施的主要任务是将新系统的物理模型转换为可实际运行的物理系统。其主要工作内容包括以下 8 个方面。

（一）设备购置安装，软硬件环境调试

该项工作是依据系统设计中给出的管理信息系统的硬件结构和软件结构购置相应的硬件设备和系统软件，建立系统的软件、硬件平台，并进行调试。

（二）基础数据的收集与录入

基础数据的正确性是最关键的，基础数据是许多程序正确运行的基础。任何一个数据与实际不符，计划结果就没有任何指导意义。由于基础数据涉及面广，涵盖了企业中所有可见和不可见的信息，并且数量巨大，所以需要多个部门协调，投入一定的人力和时间。

（三）程序设计与调试

计算机程序设计也常常被称为软件开发。进行计算机程序设计的目的是实现系统分析和设计中提出的管理模式和业务应用。在进行软件开发之前，开发人员要学习所需的系统软件，包括操作系统、数据库系统和开发工具。

（四）人员培训

人员培训可以分为两种类型。一种类型是指在软件开发阶段对程序设计人员的培训，另一种类型是指在系统切换和交付使用前对系统使用人员的培训。这里的人员培训指第二种情况。在管理信息系统投入使用之前，需要对一大批系统未来的使用人员进行培训，包括系统操作员、系统维护人员等。

（五）系统调试与验收

在进行计算机程序设计之后，需要进行系统的调试。实际上，在编写计算机程序时，一直在进行调试并修改程序中的错误。在完成这种形式的调试之后，还必须进行专门的系统测试。

（六）系统运行准备

系统运行准备包括基础数据的准备、软件、硬件等方面的准备，既包括计算机主机、输入输出设备、存储设备等，也包括数据库管理以及一些软件的准备，还要根据实际情况对相关人员进行必要的培训。

（七）系统转换

在系统调试完成以后，即可移交给用户，实施旧系统向新系统的转换。系统转换包括系统开发文档资料以及数据的准备与录入、人员的培训、系统试运行等诸多内容，它是一个较长的过程。

（八）总结报告（系统实施报告）的制作

总结报告是系统实施的重要文档，反映了前一阶段调查分析的全部情况，是下一步系统设计与实现的主要依据。用户可以根据系统实施报告来验证和认可新系统的开发策略和开发方案，而系统设计者则可以用总结报告指导系统设计工作和作为以后的系统设计标准。此外系统实施报告还可以作为评价系统成功与否的标准。

二、系统实施的保障

系统实施是一项涉及面广、占用时间长、耗费资源多的工作，而且涉及管理体制、管理方法和工作流程的变革，所以必须加强组织领导、统筹安排、周密计划、及时协调。重要的保障工作包括以下三个方面。

一是成立实施领导小组，由用户单位最高层领导担任组长。有时开发人员本着自己的意愿设计开发出了管理信息系统，尽管系统很好，但领导不满意属下擅自动手，不听指挥，从而浪费了时间、资源和心血，还加深了与领导之间的隔阂。而且，在没有领导的授权和支持下，能开发出一个好的信息系统很是艰难。

二是合理安排实施计划。制订的实施计划要明确具体，并且按照实际情况制订切实可行的实施计划。实施计划要留有一定的余地，防止一些突发情况的出现，同时计划中的每一个步骤都要有一定的时间限制，便于及时完成计划实施。

三是加强验收。验收是整个实施过程的尾声，一个系统是否符合预期目标，能否得到用户的认可，就要看系统验收是否能交一份满意的"考卷"。不同行业可以根据自身行业特点采用适当方法进行验收，系统验收具有一定的多样性，这就要求在系统验收中一定要抓住关键问题和验收的核心。

第二节 物理系统的实施

在系统分析与系统设计阶段中，开发人员为新系统设计了它的逻辑模型和物理模型。系统实施阶段的目标就是把系统设计的物理模型转换成可实际操作的新系统。系统实施阶段要成功地实现新系统，取得用户对新系统的信任。

系统实施首先进行物理系统的实施。MIS 物理系统的实施是计算机系统和通信网络系统设备的订购、机房的准备和设备的安装调试等一系列活动的总和。要根据计算机物理系统配置方案购买和安装计算机软件、硬件系统和通信网络系统，进行计算机机房的准备和设备安装调试等一系列活动。在熟悉计算机物理系统的性能和使用方法的同时，要进行程序设计工作；随后是收集有关数据并进行录入工作；然后是系统调试；最后是人员的培训和系统切换。

一、计算机系统的实施

购置计算机系统时要遵循以下基本原则。

（1）能够满足 MIS 的设计要求。企业应该根据行业特点、企业规划、管理制度、组织结构、核算方法等因素选择适合本单位的计算机信息系统。

（2）具有合理的性价比。要根据系统分析与设计形成的文档资料来确定要购置的功能模块，不仅要求开发人员与用户非常了解将要实现的系统结构与功能，还要结合今后运行的环境来进一步审视系统的设计方案。在购置计算机系统的费用中，一般包含两部分：一是计算机系统的使用费用；二是计算机系统的维护费用，要合理利用购置费购买对企业来说性价比最高的计算机系统。

（3）具有良好的可扩充性。根据设计说明书，必须确定所要实施系统规模的大小，同时必须清楚地了解当前业务处理量，预测今后一段时间内业务增长量的增长趋势。

（4）能够得到来自供应商的售后服务和技术支持。在确定了可能的供应商和相应的计算机系统后，必须尽可能地从各方面获得供应商的有关信息和相应计算机系统的信息（必须注意可能存在的假象）。保证购买后如果出现技术等问题，供应商可以及时解决，并减少不必要的麻烦以及由此带来的损失。

（5）机房的准备，要调节好温度、湿度，保证无尘，做好电缆走线。要安装双层玻璃门窗，并且要求无尘；硬件通过电缆连接至电源，防止静电感应；要配备不间断电源，防止由于突然停电发生事故，并且应该安装备用电源设备。计算机系统的安装与调试应由供货方负责。

二、网络系统的实施

MIS 通常是一个由通信线路把各种设备连接起来组成的网络系统。MIS 网络包括局域网（LAN）和广域网（WAN）。广域网（WAN）就是我们通常所说的 Internet，它是一个遍及全世界的网络。局域网（LAN）是相对于广域网（WAN）而言的，主要是指在小范围内的计算机互联网络。这个"小范围"可以是一个家庭、一所学校、一家公司，或者是一个政府部门。广域网上的每一台电脑（或其他网络设备）都有一个或多个广域网 IP 地址（或者说公网、外网 IP 地址），广域网 IP 地址一般要到 ISP 处交费之后才能申请到，广域网 IP 地址不能重复；局域网（LAN）上的每一台电脑（或其他网络设备）都有一个或多个局域网 IP 地址（或者说私网、内网 IP 地址），局域网 IP 地址是局域网内部分配的，不同局域网的 IP 地址可以重复，不会相互影响。

局域网一般是一定地理范围内的网络，可以实现楼宇内部和邻近几座大楼之间的内部联系。局域网可以实现文件管理、应用软件共享、打印机共享、扫描仪共享、工作组内的日程安排、电子邮件和传真通信服务等功能。严格意义上局域网是封闭的，可以由办公室内的多台计算机组成。

广域网设备之间的通信通常利用公共电信网络，实现远程设备之间的通信。是一种跨越大、地域性的计算机网络的集合。通常跨越省、市，甚至一个国家。广域网包括大大小小不同的子网，子网可以是局域网，也可以是小型的广域网。

广域网（WAN、公网、外网）与局域网（LAN、私网、内网）电脑交换数据要通过路由器或网关的 NAT（网络地址转换）进行。一般说来，局域网内电脑发起的对外连接请求，路由器或网关都不会加以阻拦，但来自广域网对局域网内电脑连接的请求，路由器或网关在绝大多数情况下都会进行拦截。

网络系统实施的同时需要通信设备的安装、电缆线的铺设、网络性能的调试等。常用的通信线路有双绞线、同轴电缆、光纤电缆和微波以及卫星通信等。通信设备安装要求设备表面不受损，内外清洁无污染，同时设备要排列整齐，层次分明，便于日后的维护与扩容设备的安装，提高机房的空间利用率。同时要注重设备的稳定性和牢固性，达到国家规定的抗震要求；由于通信设备运行要求安全不间断，所以在设备生产设计时必须做好各类设备线缆的防护。

第三节　程 序 设 计

一、程序设计的目标

随着计算机产业的发展，硬件的价格不断下降，而软件则越来越复杂，费用呈上升趋势。因此，对程序设计的要求也相应地发生了变化。小型程序设计强调程序的正确和效率，而大型程序则首先考虑程序的可维护性、可靠性和可理解性，然后才考虑效率。

（一）可维护性

在系统分析阶段，分析和确定了组织目前的信息需求，估计了未来一段时期内的信息需求，但是信息系统的需求是不断变化的。未来系统信息需求会随着环境的变化而变化，相应地，系统功能必须随之变化，不断地完善和调整。因此，在系统实施过程中，要不断地对程序进行补充或修改，进行系统维护和数据管理。另外，计算机软硬件的更新换代也促使应用软件和应用程序进行相应的升级。

MIS 的寿命一般是 3～10 年，软件系统和程序的维护工作量相当大。一个不易维护的软件系统或程序用不了多久就会因为不能满足应用需要而被淘汰，因此，可维护性是对程序设计工作的一个重要的要求。

（二）可靠性

这是决定系统能否长久良好运行的关键。由于程序的复杂性，以及在操作中可能存在的差错，系统会存在发生错误的可能性，所以设计的时候必须充分考虑产品的易使用性和操作性，即程序应具有较好的容错能力，不但在正常情况下能正确工作，而且在意外情况下也便于处理，不至于产生意外的操作而造成严重损失。

（三）可理解性

程序不但要求逻辑正确，计算机能够执行，而且应当层次清楚，可读性好。这是因为程序的维护工作量很大，程序维护人员经常要维护他人编写的程序，一个不易理解的程序将会给程序维护工作带来困难。因此，有必要在程序中加入简明扼要的程序功能与变量说明。

（四）效率

本节所讨论的效率有两种：程序效率和人工效率。程序效率是指程序能否有效地利用计算机资源。由于硬件的性价比不断地提高，程序效率即软件效率已在很大程度上由计算机硬件性能及效率来实现。相比之下，程序设计人员的工作效率则日益显得重要，因为人工成本正相对提高。提升人工效率不但能降低软件开发成本，而且可明显降低程序的出错率，进而减轻维护人员的工作负担。程序效率与可维护性、可理解性通常是矛盾的。但在实际编程过程中，宁可占用更多的系统资源也要尽可能提高系统的可理解性和可维护性。片面地追求程序的运行效率反而不利于程序设计质量的全面提高。因此应充分利用各种软件开发工具，如 MIS 生成器等来提高程序设计效率。

在小程序设计中，主要强调程序的正确性和效率性，但对于知识管理大型程序，人们则倾向于首先强调程序的可维护性、可靠性和可理解性，然后才强调效率。

二、结构化程序设计方法

应用软件的编程工作量大，而且要经常维护、修改。因此，我们应该遵循正确的规律，利用工程化的方法进行软件开发，通过建立软件工程环境来提高软件开发效率。

（一）自顶向下的模块化设计（Top-Down）

系统分析和设计阶段都使用了自顶向下的方法。每个系统都分解成相应的功能模块，形成层次结构。底层的模块一般规模较小，功能较简单，能完成系统某一方面的处理功能。在设计中使用自顶向下方法的目的在于一开始能从总体上理解和把握整个系统，而后对于组成系统的各功能模块逐步求精，从而使整个程序保持良好的结构，提高软件开发的效率。

在模块化程序设计中应注意以下四点。

（1）模块应相互独立，减少模块间的耦合。模块的独立程度可以由两个定性标准度量，这两个标准分别是内聚和耦合。耦合衡量不同模块彼此之间相互依赖（连接）的紧密程度；内聚衡量一个模块内部各个元素彼此结合的紧密程度。耦合是对一个软件结构内各个模块之间互连程度的度量。在模块程序化设计中要尽量做到高内聚、低耦合，即减少信息交互，以便将模块作为一个独立子系统。如果若干模块之间的耦合强度过高，每个模块功能不复杂就可以把它们合并，以减少信息的传递和公共区的引用。若有多个相关模块，应该对它们的功能进行分析，减少重复功能。

（2）模块大小和模块中包含的子模块数要适当，既便于模块的单独开发，又便于系统重构。大约50行语句的代码即可，过大的模块应该分解，以便提高理解性和可维护性；过小的模块可以合并到上级模块中。经验表明，当模块过大时，模块的可理解性就会迅速下降。但是对过大的模块进行分解时，也不应该降低模块的独立性。所以要力求以少量的模块组成尽可能多的产品，并在满足要求的基础上使程序精度高、性能稳定、结构简单、成本低廉。

（3）模块功能要简单。底层模块一般应完成一项独立的处理任务。制定具有单一功能并且和其他模块没有过多联系的简单的底层模块，每个底层模块只是该系统要求的一个具体子功能，而且与系统其他部分的接口是简单的。

（4）共享模块应集中。应集中可供各模块共享的处理功能在一个上层模块，供各模块引用，即要使共享模块的作用范围保持在该模块的控制范围内。共享模块的控制范围是指这个模块本身以及所有直接或间接从属于它的模块的集合。在一个设计得很好的系统中，所有受判定影响的共享模块都应该从属于做出判定的那个模块，最好局限于做出判定的那个模块本身及它的直接下级模块。

（二）结构化程序设计方法（Structured Programming）

自顶向下的模块化方法描述了大程序设计的原则，在具体编程中，则应采用结构化程序设计方法。这种方法起源于 20 世纪 70 年代，有助于解决由程序中的不同过程的控制和数据传输引起的波动效应问题，某程序中的第一个错误会在程序的其他部分引发第二个错误，第二个错误又会引发第三个错误，依次类推。结构化程序设计采用以下三种基本逻辑结构来控制不同的处理过程：顺序结构、循环结构和选择结构。

（1）顺序结构。它是一种线性有序的结构，由一系列依次执行的语句或模块构成。

（2）循环结构。它由一个或几个模块构成，程序运行时重复执行，直到满足某一条件为止。在循环结构中最主要的问题是：什么情况下执行循环，哪些操作需要循环执行。循环结构的基本形式有两种：当型循环和直到型循环。

①当型循环。表示先判断条件，当满足给定的条件时执行循环体，并且在循环终端处流程自动返回到循环入口；如果条件不满足，则退出循环体直接到达流程出口处。因为是"当条件满足时执行循环"，即先判断后执行，所以称为当型循环。

②直到型循环。表示从结构入口处直接执行循环体，在循环终端处判断条件；如果条件不满足，返回入口处继续执行循环体，直到条件为真时再退出循环到达流程出口处，是先执行后判断。因为是"直到条件为真时为止"，所以称为直到型循环。

（3）选择结构。它是根据条件成立与否选择程序执行路径的结构。它表示程序的处理步骤出现了分支，需要根据某一特定的条件选择其中的一个分支执行。选择结构有单选、双选和多选三种形式。

按照结构化程序设计的观点，任何算法功能都可以通过由程序模块组成的上述三种基本程序结构的组合来实现。

结构化程序设计的基本思想是采用"自顶向下、逐步求精"的程序设计方法和"单入口单出口"的控制结构。"自顶向下、逐步求精"的程序设计方法从问题本身开始，经过逐步细化，将解决问题的步骤分解为由基本程序结构模块组成的结构化程序框图；"单入口单出口"的思想认为，一个复杂的程序如果仅由顺序、循环和选择三种基本程序结构通过组合、嵌套构成，那么这个新构造的程序一定是一个单入口单出口的程序，据此就很容易编写出结构良好、易于调试的程序。

20 世纪 70 年代后期，一种称为结构化预排（Structured walkthrough）的组织策略为程序设计人员提供了仔细审核工作的机会。采用这种方法和策略，许多错误在系统分析和系统设计阶段就会被发现，预排参与者提出的意见是中肯的而非责难的，可以改进工作质量，加快系统开发的进度。

第四节 系 统 测 试

系统和程序测试（Testing），尤其是自行开发的系统和程序，是系统开发过程中耗费时间最多的步骤，目的是发现程序和系统中可能存在的错误并及时予以纠正。

系统和程序的测试应该尽早并且不断进行，测试用例应当有测试输入数据和对相应的预期输出结果两部分组成；程序员应避免自己检查程序；在设计测试用例时，应包括合理的输入条件和不合理的输出条件；严格执行测试计划，排除测试的随意性；应当对每一个测试结果做全面检查。

一、程序测试

检验程序的正确性可以用理论法和实验法。理论法是利用程序证明等数学方法证明程序的正确性，这种检验方法较难。检验程序更普遍的是采用实验法。程序只有经过测试和经过一段时间试用，才能认为基本正确和能够稳定地运行。

（一）代码测试

测试数据用来考验程序逻辑的正确性。测试数据是经过精心挑选的，使程序和模块中的每一条语句都能得到执行，即能够测试程序中的任一逻辑通路。常用的测试数据有以下3种。

（1）用正常数据测试。用正常、常见的数据进行测试，检查程序是否可以正常运行。

（2）用异常数据测试。如用空数据文件参加测试，检查程序能否正常运行。

（3）用错误数据调试。检验程序对错误的处理能力，包括显示出错信息以及容许修改错误的可能性。具体检查内容有以下方面：对于输入错误的键号，包括不应有的键号，系统应能够检出，并进行修改；对于输入错误的数据，包括不合理的数据，系统应能够检出，并进行修改；发生操作错误，包括磁盘错误、操作步骤或方法错误时，系统应及时检出并发出警告。

（二）程序功能测试

代码测试基本上验证了程序逻辑上的正确性，但并不能验证程序是否满足程序说明中定义的功能，也不能验证测试数据本身是否完备。程序测试的目的是发现程序的错误。程序测试还要经过模拟数据和实际数据两方面的测试。

二、子系统分调

系统的应用软件由多个功能模块组成，每个模块由一个或几个子程序构成。有些模块能够单独地正常工作，但是连接起来就不能正常运行。因此，单个程序模块测试完成后，还要进行子系统和系统测试。高度模块化设计方式将使程序测试变得相对简单。子系统测试的目的是要保证模块内各程序间具有正确的控制关系，同时可以测试模块的运行效率。

三、系统总调

系统总调查出的往往是模块间相互关系方面的错误和缺陷。总调包括以下两个方面的内容。

（一）主控程序和调度程序测试

这部分程序虽然语句不多，但逻辑控制关系复杂。调试时，将所有控制程序与各功能模块的接口"短路"，即用直接送出预先安排计算结果的联系程序替代原功能模块。调试目的是验证控制接口和参数传递的正确性，以及发现并解决资源调度中的问题。

（二）程序的总调

功能模块和控制程序调试完成后，即可进行整个系统程序的总调，也就是将主控制和调度程序与各功能模块联结起来进行总体调试。对系统各种可能的使用形态及其组合在软件中的流通情况进行性能测试。

四、特殊测试

除了上述常规测试，还有一些必要的性能测试。这些测试往往不是针对程序在正常情况下运行的正确与否，而是根据系统需求进行测试。主要的测试项目有峰值负载测试、容量测试、响应时间测试、恢复能力测试等。

进行系统程序测试时，不一定要在完全真实的数据量情况下进行。通常采用"系统模型"法，以便以最少的输入数据量完成较全面的软件测试工作。通过对数据的精心选择，大大地减少输入数据量，不但可以使处理工作量大为减少，而且也更容易发现错误，并确定错误的范围。调试中要严格核对计算机处理和人工处理的两种结果。通常是先校对最终结果，发现错误再回到相应中间结果进行部分校对，直到基本确定错误范围。

系统测试完成后，在交付用户使用之前，还需要进行实况测试。实况测试以过去手工处理方式或在原系统下得出正确结果的数据作为输入数据，将系统处理结果与手工处理结果进行比较。在这一阶段，除严格校对结果外，主要考察系统运转的合理性与效率，包括可靠性。

系统调试完成后，应编写操作说明书，完成程序框图和打印源程序清单。

第五节　人员培训

一、人员对系统实施的影响

信息系统失败的一个主要原因是用户拒绝使用新系统。拒绝通常来源于对新的工作方式和任务不熟悉，或者对可能发生的改变产生忧虑。例如，当计算机文字处理系统进入办公室时，许多秘书认为自己的工作会被计算机取代，因而拒绝学习和抵制新技术。但实际上文字处理软件不仅没有代替秘书的职能，只是完成那些日常重复性、机械性的工作，还为秘书创造出新的和更多的管理事务，使综合性与分析性的工作增多。

当新技术被引入组织时，许多习惯于在原有环境下工作的人会觉得受到威胁。因为环境改变了，原有的工作岗位、个人地位和人际关系也都会相应有所改变，因此容易产生一种失落感和不安全感。持有这种心态的人员会妨碍新系统的实施并企图恢复原系统。如果新的工作方式和工作程序不被接受，那么新系统就达不到预定的目标。

拒绝变化的另一个原因是目前的工作环境比较舒适，有关管理人员安于现状。如果没有更多的报酬与激励，管理人员会觉得改变工作条件得不偿失，因而产生惰性。

要使新系统和新技术实施成功，企业的最高管理者和系统分析与设计人员就必须起变化代理人的作用，用动态的观点，采用变化的计划实施策略来引导变化。当人们认识到变化的必要性和紧迫性时，就会产生求变心理，制订改变现状的计划。通过管理业务调查、技术培训等形式管理人员的观念能逐步转变，但完成这项工作需要有耐心和恒心。在系统设计过程中，要注意维持一定的工作满意度，在此基础上对原有工作予以重新定义。在系统实施过程中，一旦系统出现问题，系统设计人员应迅速做出反应，以免用户产生不满情绪。

二、人员培训的内容

人员是管理信息系统的重要组成部分，包括企业的各级管理人员及管理与维护信息系统的专业人员。每一个与新系统有关的人都应该了解管理信息系统的运作方式和运作过程。培训就是使有关管理人员和技术人员了解和掌握新系统的有效途径之一。因此，培训工作关系到新系统的成败。如果管理人员对即将使用的新系统的管理过程不了解，不能确定新系统是否适用于自己的工作，那么就有可能消极地对待新系统，甚至阻碍系统的推广应用。

　　管理信息系统的开发与应用不仅是计算机在企业中的应用，同时也是一种企业变革。由于企业管理的传统思想及方法与管理信息系统的要求之间有着巨大的差异，企业管理人员对这种新的管理思想和管理方法有一个熟悉、适应和转变观念的过程。对于自行开发管理信息系统的企业来说，通过系统开发过程来培养一批既懂管理业务、又懂信息系统的企业专业人员也应是企业开发信息系统的主要目标之一。

　　信息系统的知识非常广泛，企业管理人员与企业信息系统专业人员的培训内容应各有侧重。管理人员的培训重点应该是信息技术的基本概念与一些结合具体项目的基础知识，具体有以下内容。

　　（1）信息系统的基本概念，包括信息概念、性质与作用、系统概念与特点、信息系统开发方法与开发过程等。企业管理人员应该意识到信息系统是企业在全球范围内进行贸易与管理的通信工具和分析工具，是知识产品和服务的基础，可以帮助公司管理知识资产；并且还可以灵活管理和安置员工，跨距离的组织协调，是一种更具有效率的业务协同方法。

　　（2）计算机基本知识，包括计算机硬件与软件基础知识、常用管理软件的功能与人机界面、网络与通信基本概念等。计算机已经成为一个不可或缺的工具，在企业管理中更是如此。企业管理者了解计算机的基本知识可以帮助其更快、更准确地获得数字资源，同时更好地运用数字资源对企业进行管理。

　　（3）管理方法，如现代管理的基本思想、数据分析与管理决策的基本概念与常用方法。作为企业的管理者，必须要懂得在企业现有条件下如何通过合理地组织和配置人、财、物等因素，提高企业的运行效率。要能够在具体进行数据分析和管理决策时，对提出的问题进行深入细致的研究和考察。搞清楚要解决什么问题、管理的目标是什么、影响因素有哪些、有哪些行动方案、如何评价目标是否实现或者决策的好坏。

　　（4）本企业信息系统介绍，包括信息系统目标、功能及总体描述、开发计划、主要事项与配合要求等。要求人员充分认识到信息系统在企业自身发展当中所扮演的重要角色，理解建立企业信息系统是企业未来发展的基础这一思想。

　　（5）本企业信息系统的操作方法。帮助他们在数据和信息的基础上掌握实际情况、进行科学决策，提高管理效率。信息系统在管理各项事务中有着普遍的应用，将大量复杂的信息处理交给计算机，使人和计算机充分发挥各自的特长，组成一个和谐、有效的系统，这不仅是实现管理现代化的有效途径，也促进了企业管理走向现代化的进程。

　　应当强调的是，对于管理人员的培训要结合企业实际，通过培训让各级管理人员明确开发与应用信息系统对企业生存与发展的重要意义，在了解与掌握基本概念的基础上打消顾虑，使他们能积极参与信息系统的开发，并为下一步的应用做好准备。

对企业信息管理专业人员的培养应把重点放在系统知识与系统规范方面，培养方法除强调在实践中学习外，还可采取委托培养、进修与外聘专家进行系统授课等方法。

为了保证培训能真正获得成效，培训工作应与管理人员的工作绩效评定结合起来，对培训的效果进行考核。具体操作可以在培训后分阶段地进行考试，也可以采用竞争上岗等方式，促使管理人员处理好当前工作与未来知识储备二者的关系。

第六节　系统转换

一、系统转换的方式

系统转换是指由手工处理系统或者原管理信息系统向新的管理信息系统转变的过程。信息系统的转换一般有以下三种方式。

（一）直接转换方式（Cut‑over method）

直接转换就是在某一确定的时刻，原系统停止运行，新系统投入运行。例如，列车运行时间表或航空公司的飞行时间表的转换。这种转换方式要求系统要具有很好的可靠性，一般只有在原系统已经完全无法满足需要或新系统不太复杂的情况下才使用这种方法。在切换新系统时，新系统一般要经过较严格的测试和模拟运行。

这种方式的优点是转换简便，节约人力、物力、时间。但是这种方式是三种切换方式中风险最大的。一方面，信息系统虽然经过调试和联调，但隐含的错误往往是不可避免的。因此，采用这种切换方式就是背水一战，一旦切换不成功，将影响正常工作。另一方面，切换过程中数据准备、人员培训、技术更新都可能造成切换失败。此外，任何一次新旧交替都会面临着来自多方的阻力，许多人不愿意抛弃已经得心应手的旧系统而去适应新系统。当新系统出现一些瑕疵，他们就会抱怨，把矛盾都转移到新系统的使用上，这样会极大地降低系统转换的成功率。

（二）平行转换方式（Parallel systems method）

平行转换方式也叫并行切换，这种转换方式要经过两个阶段。第一阶段，新系统试验运行，同时原系统继续运行，利用原系统对新系统进行检验。第二阶段，当新系统可以稳定运行时，原系统停止运行或各子系统逐步停止运行。

并行处理时间视系统实施效果而定，短则几个月，长则半年至一年。系统转换工作是平稳过渡的。

平行转换的优点是转换安全，系统运行可靠性最高，切换风险最小。但是该方式需要投入双倍的人力、设备，转换费用相应增加。另外，对于不愿抛弃旧系统的人来说，他们使用新系统的积极性、责任心不足，就会延长新旧系统的并行时间，从而加大系统切换代价。这种方式比较适合企业的核心系统。

（三）试点过渡方式（Pilot systems method）

试点过渡方式先选用新系统的某一子系统代替和实现原系统中相应的功能，以作为试点；待取得成功后，再逐步推广到更多的子系统，最后取代原老系统。

这样做既可避免直接方式的风险，也可以避免并行运行的双倍代价，但这种逐步转换对系统的设计和实现都有一定的要求，否则是无法实现这种逐步转换的。同时，这种方式接口多，数据的保存也总是被分为两部分。因此，这种方式主要适用于大型信息系统的切换。

二、系统转换应注意的问题

无论采用哪一种转换方式，都要注意处理好以下问题。

（1）为了使系统转化工作顺利进行，必须加强管理。组织建立专门机构，并明确权利和职责，落实各项工作的分工，使系统转换工作能够顺利有序地进行。

（2）新系统的投运需要大量的基础数据，这些数据的整理与录入工作量很大，应及早准备、尽快完成。数据准备是按照系统分析所规定的内容，组织系统运行所需要的数据，在数据准备过程中要注意数据准备工作的科学化。首先，企业需要实现科学化管理，在具体收集准备数据时，方法要做到程序化和规范化；收集数据的计量工具、计量方法和数据采集渠道及程序都应固定化、程序化；各类统计和数据采集报表要标准化、规范化。

（3）系统切换不仅仅是机器的转换、程序的转换，更难的是人工的转换，应提前做好人员的培训工作，这些人员包括管理决策人员、操作人员和系统管理人员。对管理决策人员、操作人员和系统管理人员的培训侧重点不同。管理决策人员的培训内容主要是信息系统能做什么、子系统有什么功能、是怎么工作的，系统能够为管理和决策提供哪些信息等；对操作人员的培训是在系统操作使用层面上进行培训，培训的主要内容是信息管理制度、计算机软硬件基础知识、相关功能子系统的操作使用等；对系统管理员的培训内容主要涉及系统运行安全与数据备份等系统管理和维护方面的技能。

（4）系统运行时会出现一些局部性的问题，这是正常现象。系统工作人员对此应有足够的准备，并做好记录。系统只出现局部性问题，说明系统是成功的；反之，如果出现致命的问题，则说明系统设计质量不好，整个系统甚至要重新设计。在开发过程中形成的各种文档，如可行性研究报告、系统分析报告、系统设计说明书等，在系统转换之前应当移交给用户，以便用户对系统理解、使用和维护。

第七节　智能体育大数据平台设计与开发

一、系统概述

大数据时代的到来和智能系统的应用让人们的生活越来越便捷。在体育领域，信息系统已经广泛应用在体育营销、体育电子商务等领域，体育用品的销售已经采用了大数据技术，京东、淘宝等商家运用商品推荐系统实现了对消费者的精准营销。然而，大数据、人工智能等技术在体育赛事、体育培训、体育场馆、大众健身等领域的应用较少，在这些领域的应用还基本停留在信息收集、储存、查询阶段，并没有实现赛事智能安排、赛事智能推荐、培训计划智能推荐、健身计划智能推荐等功能。

智能体育大数据平台将大数据的数据挖掘和人工智能技术应用于体育赛事、体育培训、体育场馆、大众健身等领域，为赛事举办、体育培训班的开设与招生、体育场馆管理、大众健身项目开展提供智能化的信息技术支持，对运动员、培训学员实现智能化的训练方案制定、赛事推荐，对健身者实现智能化的精准的健身模式推荐，帮助所有的用户合理地安排参赛模式或健身模式。

依托丰富的互联网产品研发和运营经验，结合完善的线下赛事和场馆运营能力，智能体育大数据平台致力于为体育产业提供基于移动互联网和大数据的体育信息处理全流程解决方案。智能体育大数据平台将提供全流程赛事大数据支持，全覆盖场馆服务和标准化培训体系支撑，全面服务赛事举办、场馆运营、体育培训、大众健身，为政府全民健身工程提供完善支持。

智能体育大数据将提供以下四个平台的功能搭建。

（1）体育赛事管理平台。其主要功能有赛事编排、大众赛事查询及报名、赛程查询及提醒功能。

（2）体育培训管理平台。其主要功能有体育培训班查询、体育培训课程查询、体育培训报名等功能。

（3）体育场馆管理平台。其主要功能有场馆基础设施管理和场馆运营管理。

（4）大众健身管理平台。其主要功能有健身项目的作用介绍、健身项目演示、健身套餐的定制。

二、系统功能

（一）体育赛事管理平台

体育赛事管理平台有赛事基本信息管理、赛事赞助商管理、赛事报名管理、赛事编排管理、裁判员管理等功能，其功能结构如图 5-1。

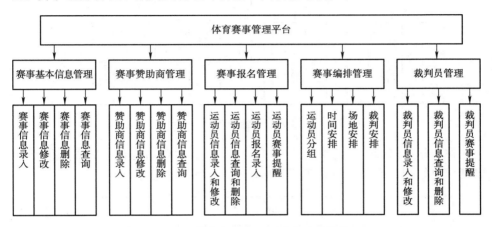

图 5-1　体育赛事管理平台的功能结构

体育赛事管理平台各管理模块的功能如下。

（1）赛事基本信息输入与查询。输入赛事编号、赛事举办时间、举办地点、承办单位、经费、收入、赛事说明。

（2）赛事赞助商信息输入与查询。包括赞助商编号、赞助商名称、赞助时间、赞助形式、赞助金额、广告形式等。

（3）赛事报名管理。运动员信息输入，包括运动员编号、运动员姓名、单位、年龄、联系方式、参加的赛事、参加的项目、参加时间、报名费。

（4）赛事编排管理。具体功能有：运动员编号、运动员分组、比赛项目时间安排、运动员参赛时间、运动员参赛地点、运动员参赛信息提醒、运动员参赛信息查询。

（5）裁判员管理。具体功能有：裁判员信息录入、修改、查询、删除，赛事查询，赛事提醒等。

（二）体育培训管理平台

体育培训管理平台的功能结构如图 5-2，其具体功能有：体育培训班的查询、体育培训课程查询、体育培训报名管理、培训班学员管理。体育培训管理平台建设的目的是为社会上所有的体育培训班提供一个培训班信息及课程的查询平台，既为学员提供一个便利的选课环境，也为培训班提供一个展示自我、销售招生的平台。

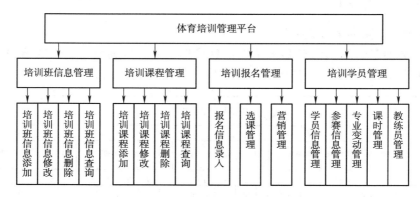

图 5 - 2　体育培训管理平台的功能结构

体育学员培训管理的功能结构如图 5 - 3，其主要功能有：学员信息管理、参赛信息管理、专业变动管理、课时管理、教练员管理等。

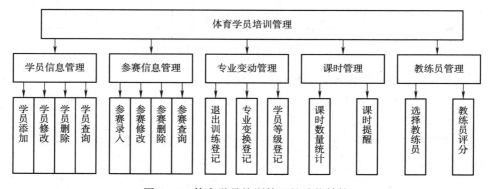

图 5 - 3　体育学员培训管理的功能结构

（1）学员信息管理的功能有学员信息的增加、修改、删除、查询等。

（2）参赛信息管理的功能有学员参赛信息的录入、修改、删除、查询等。

（3）专业变动管理的功能有学员专业变换登记、学员等级登记、退出训练登记。

（4）课时管理的功能有学员剩余课时的实时统计和学员课时提醒。

（5）教练员管理的功能有学员选择教练员和学员对教练员的评分。

（三）体育场馆管理平台

体育场馆管理平台的功能结构如图 5 - 4，其主要功能有场馆基本信息录入、场馆预约管理、场馆使用效率统计、场馆维护管理。

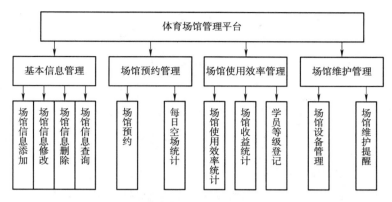

图 5-4　体育场馆管理平台的功能结构

（四）大众健身管理平台

大众健身管理平台的功能结构如图 5-5，其功能有健身项目的作用介绍、会员信息管理、健身套餐的定制。

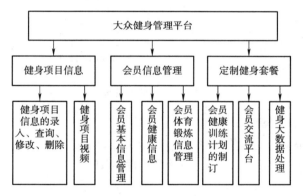

图 5-5　大众健身管理平台的功能结构

大众健身管理平台的主要目的是给人们提供一个健身信息查询和交流的综合平台，通过记录会员的基本信息和健身信息，为会员定制一套健身计划，并统计出健身流行趋势。

三、系统流程图

综合数据挖掘方法、分析模型，设计出基于数据挖掘的体育大数据平台。

（一）体育赛事管理流程图

体育赛事管理平台为赛事承办者、运动员、裁判员等用户提供服务，包含的数据库有赛事数据库、运动员数据库、裁判员数据库（图 5-6）。

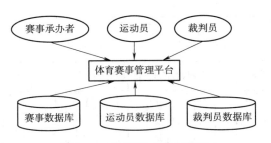

图 5-6 体育赛事管理流程

（二）体育场馆管理流程图

体育场馆管理的用户有场馆管理员、健身爱好者、教练，包含的数据库有设备数据库、场馆数据库、健身者数据库、教练数据库（图 5-7）。

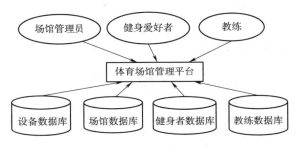

图 5-7 体育场馆管理流程

（三）体育培训管理流程图

体育培训管理平台的使用者是培训学员、教练员、培训机构，包含的数据库有学员数据库、课程数据库、教练数据库（图 5-8）。

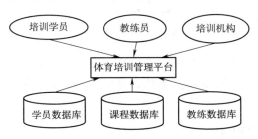

图 5-8 体育培训管理流程

（四）大众健身管理流程图

大众健身管理平台的用户为健身爱好者、健身指导者，包含的数据库有健身项目数据库、健身视频数据库、会员数据库、健身指导者数据库（图 5-9）。

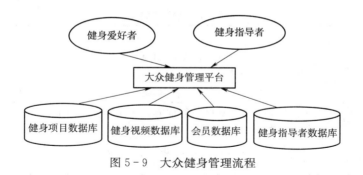

图 5-9 大众健身管理流程

四、系统的实现

(一)数据库的建立

　　每个数据库由不同的数据表构成，每个数据表有多个字段，数据表之间由字段连接。主要数据库的数据表构成如表 5-1 至表 5-10 所示。

表 5-1 赛事数据库

表	字　　段	表序
管理员表	账号、密码	101
赛事信息表	编号、赛事名称、举办地、举办时间、参与人数、级别、赛事项目、赛事日程	102
赛事承办者表	编号、赛事承办单位、资金	103
赛事赞助商表	编号、赞助商名称、赞助形式、赞助资金、广告形式、赞助时间	104

表 5-2 运动员数据库

表	字　　段	表序
运动员信息表	编号、姓名、曾用名、性别、出生日期、民族、专业名、专业、小组号、政治面貌、现住地、籍贯、家庭出身、家庭地址、家庭电话、邮编、备注	201
成绩表	专业、专业成绩	202
专业变动表	编号、专业变动原因、备注	203

表 5-3 裁判员数据库

表	字　　段	表序
裁判员信息表	编号、姓名、曾用名、性别、出生日期、民族、专业名、政治面貌、现住地、籍贯、家庭地址、家庭电话、邮编、工作单位、备注	301
参与赛事表	编号、姓名、参与赛事的编号、裁判内容、裁判失误记录	302

表5-4　场馆数据库

表	字　　段	表序
场馆信息表	场馆编号、场馆名称、数量、地址、座位数量、造价、管理员、维护费用、维修人员	401
场馆租金表	场馆编号、使用时间、租金、容纳人员数量	402
场馆设备表	设备编号、设备名称、使用年限、采购费用、维护费用、存放位置、保管人员、维修人员	403
管理人员表	管理员编号、姓名、性别、出生日期、学历、工作年限、专业、登录密码	404

表5-5　健身者数据库

表	字　　段	表序
健身者信息表	编号、姓名、性别、出生日期、民族、体育项目、家庭地址、电话	501
场馆租用信息表	场馆编号、使用时间、健身者编号，租金	502

表5-6　学员数据库

表	字　　段	表序
管理员表	账号、密码	601
运动员信息表	编号、姓名、性别、出生日期、民族、专业名、家长姓名、籍贯、家庭地址、家庭电话、邮编、备注	602
成绩表	编号、姓名、专业、专业成绩	603
专业变动表	编号、专业变动原因、备注	604
课程表	编号、所选课程、课程数、教练员、缴费	605

表5-7　课程数据库

表	字　　段	表序
课程信息表	课程编号、课程名称、课程级别、授课时间、课时费、课时长度	701
课程内容表	课程编号、课程内容、课程视频	702

表5-8　教练数据库

表	字　　段	表序
教练信息表	编号、姓名、性别、出生日期、民族、专业、政治面貌、家庭地址、电话、邮编、工作单位、备注	801
课程表	教练编号、课程编号、授课视频	802
教练评价表	教练编号、学生评教	803

表5-9　健身项目数据库

表	字　段	表序
健身项目表	项目编号、项目名称、项目简介、项目用途、项目开展的场馆编号、项目设备商城	901
健身视频表	项目编号、视频简介、课程视频、视频评分	902

表5-10　健身用户数据库

表	字　段	表序
健身用户表	编号、姓名、性别、出生日期、民族、家庭地址、电话、体育项目、参与项目的时间	1001
用户锻炼表	用户编号、参与项目、运动时间量、运动强度、运动场地使用时间	1002

（二）开发要求

1. 系统开发工具

为了方便快捷地实现功能，便于用户使用，本系统采用 Java 和 JavaScript 语言编程实现。JavaScript 是一种直译式脚本语言，是一种动态类型、弱类型、基于原型的语言，内置支持类型。它的解释器被称为 JavaScript 引擎，为浏览器的一部分，广泛用于客户端的脚本语言，用来给 HTML 网页增加动态功能，为用户提供更流畅美观的浏览效果。

2. 开发要求

开发软件机型及 CPU 型号：Dell Inspiron Intel core i3；

内存要求：512 M；

主要适用机型及 CPU 型号：Dell Inspiron Intel core i3；

外存要求：3 G；

终端要求：14 英寸以上的显示屏；

其他外设要求：无；

支持环境名称及版本号：Windows 7；

编程语言名称及版本号：JavaScript global XLSX；

程序存储媒体：U 盘；

主要适用行业：体育产业；

部分系统页面和代码。

（1）基本信息管理界面的实现。基本信息管理界面包括以下四种功能：档案录入、档案删除、档案修改和档案查询。

第一，档案录入。进入主页面后点击左上方基本信息管理按钮后点击档案录入（图5-10）。

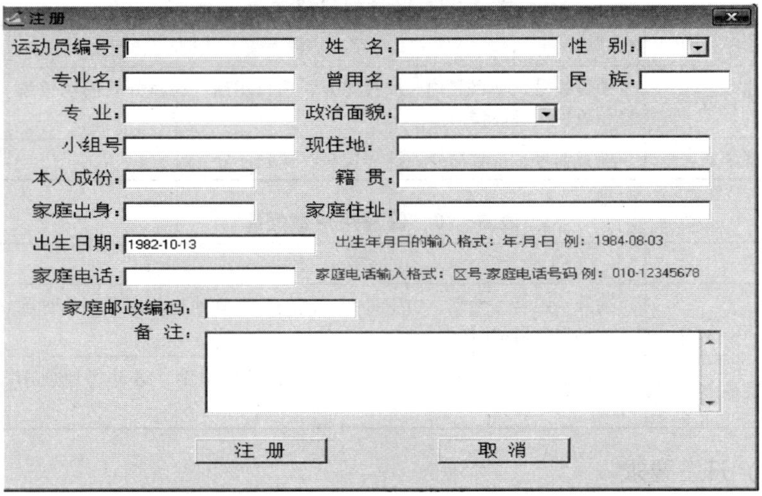

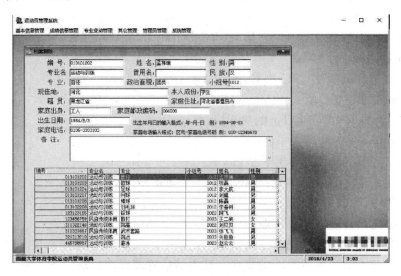

图 5-10　档案录入界面

在输入框中输入运动员的相关信息并点击注册，成功后将会弹出窗口提示注册成功，失败会提示失败的原因。

第二，档案删除。进入主页面后点击左上方基本信息管理按钮后点击档案删除（图 5-11）。

图 5-11　档案删除界面

选取下方表格中需要删除的数据（图表内数据为测试数据，不具有标志性和准确性），然后点击下方删除按钮即可删除当前数据。

第三，档案修改。进入主页面后点击左上方基本信息管理按钮后点击档案修改（图5-12）。

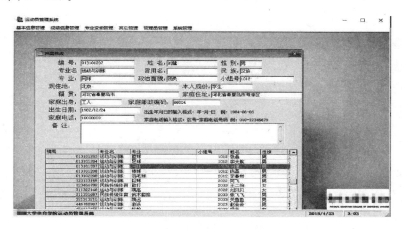

图5-12　档案修改界面

选取下方表格中需要修改的数据（图表内数据为测试数据，不具有标志性和准确性），重新填写相关数据，然后点击下方修改按钮即可修改当前数据。

第四，档案查询。进入主页面后点击左上方基本信息管理按钮后点击档案查询（图5-13）。

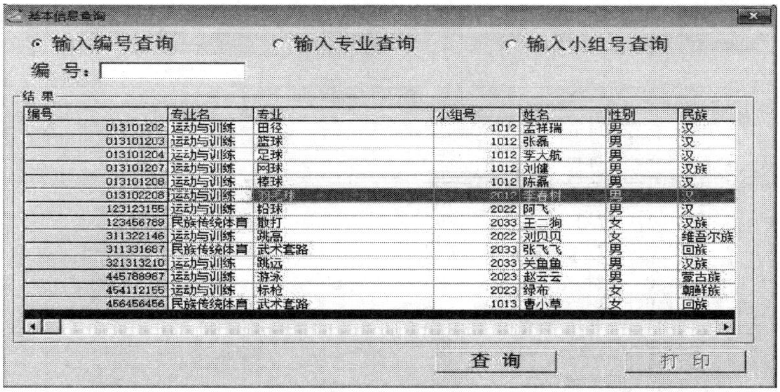

图5-13　档案查询界面

下方表格中会出现系统已经录入的所有运动员的信息（图表内数据为测试数据，不具有标志性和准确性），可通过编号、专业、小组号进行单独或批量查询。

（2）成绩信息管理界面的实现。成绩信息的管理界面包括成绩的录入、查询、修改和成绩的删除。

第一，成绩录入。点击主页面左上方成绩信息管理里的成绩录入按钮（图 5 - 14）。

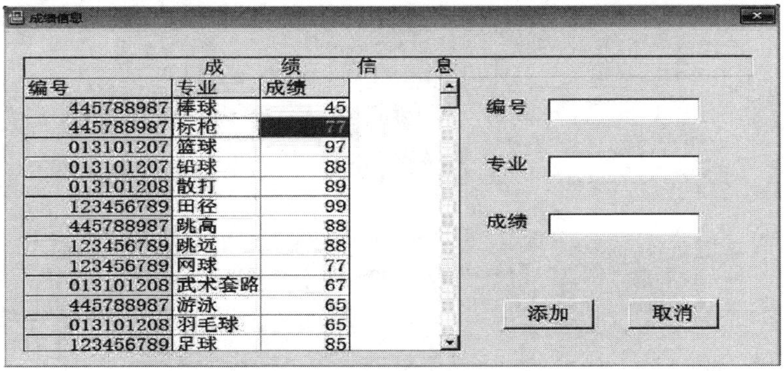

图 5 - 14　成绩录入界面

左侧会显示所有的运动员编号以及运动员相应的训练项目的成绩（表内为测试数据，不具有准确性），在右侧列表中输入训练项目的编号、专业、成绩点击下方添加按钮即可对该成绩进行添加。

第二，成绩删除。点击主页面左上方成绩信息管理里的成绩删除按钮（图 5 - 15）。

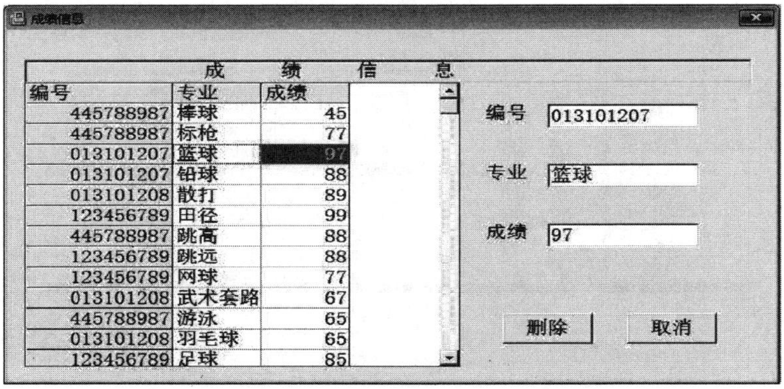

图 5 - 15　成绩删除界面

左侧会显示所有的运动员编号以及运动员相应的训练项目的成绩（表内为测试数据，不具有准确性），点击需要删除的数据并点击右下方删除按钮即可删除该条数据。

第三，成绩修改。点击主页面左上方成绩信息管理里的成绩修改按钮（图 5-16）。

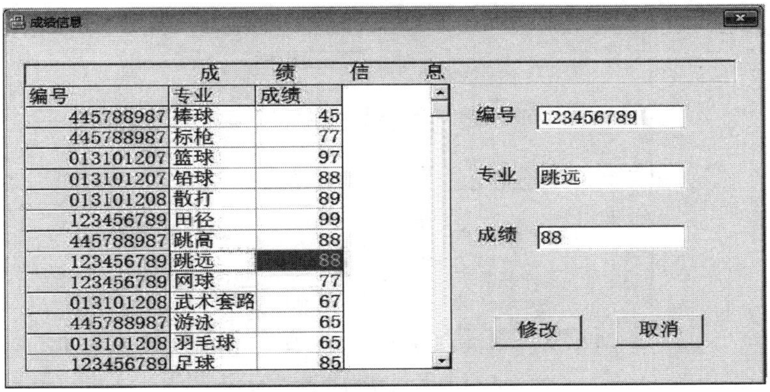

图 5-16 成绩修改界面

左侧会显示所有的运动员编号以及运动员相应的训练项目的成绩（表内为测试数据，不具有准确性），点击需要修改的数据后在右方会显示出当前数据，修改正确的数据后点击右下方修改按钮即可修改该运动员成绩的数据。

第四，成绩查询。点击主页面左上方成绩信息管理里的成绩查询按钮（图 5-17）。

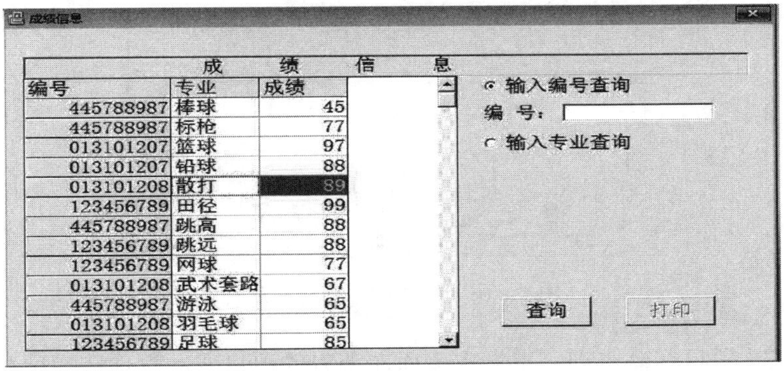

图 5-17 成绩查询界面

左侧会显示所有的运动员编号以及运动员相应的训练项目的成绩（表内为测试数据，不具有准确性），输入需要查询的运动员编号或者训练专业后点击右下方查询按钮即可进行查询。

（3）其他管理。具体界面如下：

第一，运动员项目变更登记。点击主页面左上方专业变动管理选择专业变动登记按钮。在弹出的窗口中输入运动员的编号和选择专业变动原因即可登记运动员的专业变更信息（图5-18）。

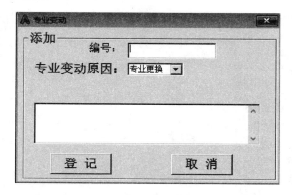

图5-18 运动员项目变更界面

第二，运动员等级登记。点击主页面左上方的专业变动管理选择运动员等级登记按钮。弹出窗口中可以登记运动员的等级，如普通运动员、国家二级运动员、国家一级运动员，并针对等级进行分类分组（图5-19）。

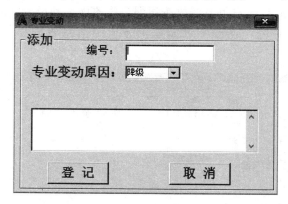

图5-19 运动员项目等级界面

第三，项目变动查询。点击主页面左上方的项目变动管理选择项目变动查询按钮。在弹出窗口中输入运动员的编号，点击左下方查询按钮，就可以查询运动员项目变动的具体情况（图5-20）。

第四，其他管理添加信息，点击主页面左上方其他管理选择添加信息按钮。弹出的窗口中可以选择运动员的其他信息，输入运动员的编号，选择运动员是否参加过专业训练、专业比赛，是否有比赛成绩，点击确定添加（图5-21）。

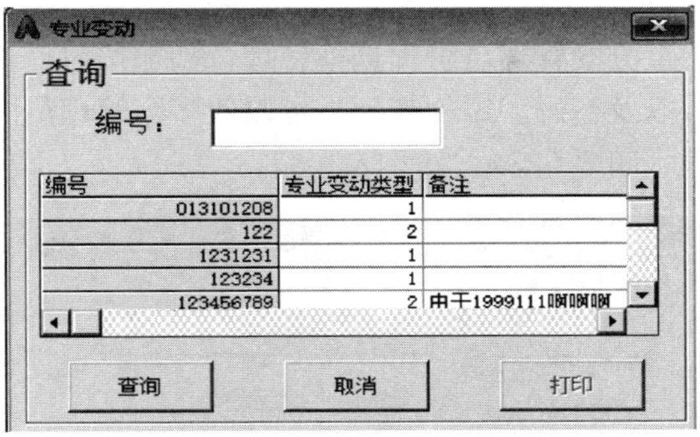

图 5 - 20　运动员项目变动查询界面

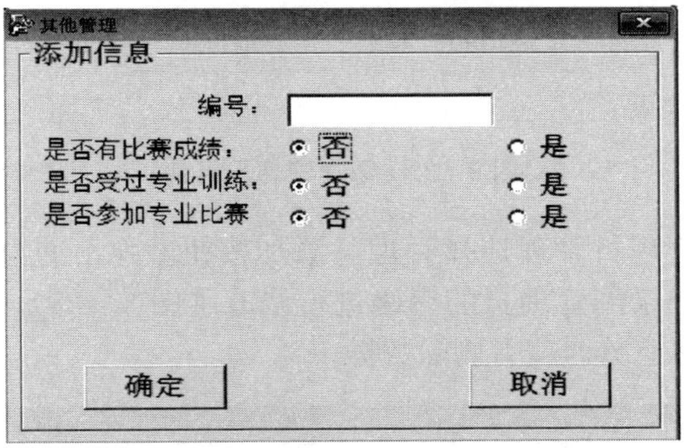

图 5 - 21　添加其他信息界面

第五，其他信息查询。点击主页面左上方的其他管理选择其他信息查询按钮，弹出窗口中选择其他信息查询，就可以在窗口中查询运动员是否参加过专业训练、专业比赛以及是否有获奖信息（图 5 - 22）。

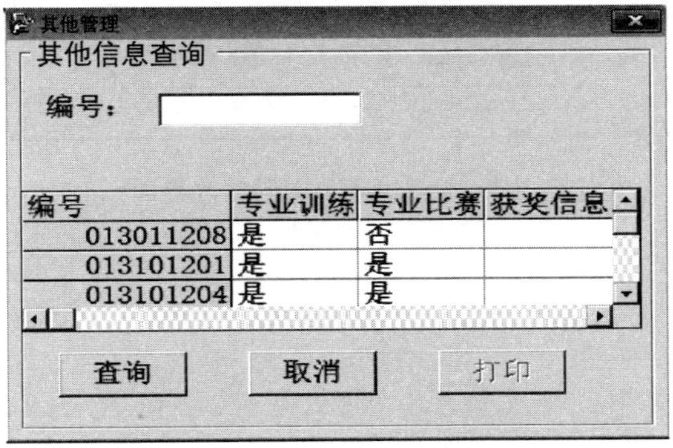

图 5 - 22　其他信息查询界面

（4）添加管理员。

点击主页面左上方的管理员管理选择管理员添加按钮。弹出的窗口中添加新的管理员的账号以及密码。添加管理员可以使多个管理员同时对系统内运动员的信息进行管理（图5-23）。

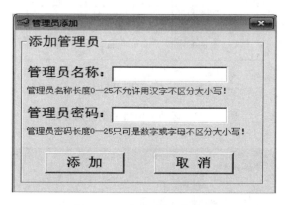

图5-23　添加管理员界面

点击左上方管理员管理选择管理员添加按钮。弹出的窗口中选择修改密码，即可对当前登录的管理员的密码进行修改（图5-24），防止管理员密码泄露后被其他人恶意修改或者删除数据。

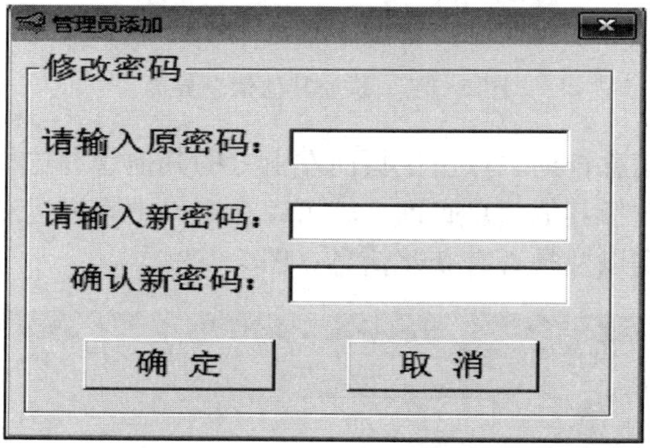

图5-24　管理员密码修改界面

第六章
CHAPTER SIX

体育决策支持系统的
设计与开发

第一节　体育决策支持系统的开发

一、决策支持系统的发展

诺贝尔奖获得者希尔伯特·西蒙（Herbert Simon）强调管理就是决策，他认为一个组织的管理活动主要就是决策活动。做出决策时既要依靠决策者的经验、智慧、洞察力和魄力，还要依靠科学方法和技术。为克服人性的弱点和计算机的机械性，综合人的分析判断能力和计算机强大的信息处理能力，造就了决策支持系统（Decision Support System，DSS）。在现代管理科学、生产制造、军事指挥等诸多领域中，决策支持系统在决策过程中得到普遍的应用。

自 20 世纪 70 年代决策支持系统的概念被提出以来，决策支持系统已经得到很大的发展。1980 年，斯普拉格（Sprague）提出了决策支持系统三部件结构，即对话部件、数据部件、模型部件，明确了决策支持系统的基本组成，极大地推动了决策支持系统的发展。

20 世纪 80 年代末 90 年代初，决策支持系统与专家系统（Expert System，ES）相结合，构成智能决策支持系统（Intelligent Decision Support System，IDSS）。智能决策支持系统糅合了专家系统的知识推理形式解决定性分析问题的特点，以及决策支持系统以模型计算为核心的解决定量分析问题的特点，有效做到了定性分析和定量分析的有机结合，极大地扩展了系统解决问题的能力和范围。智能决策支持系统成为决策支持系统发展的一个新阶段。

20 世纪 90 年代中期出现了数据仓库（Data Warehouse，DW）、联机分析处理（On - Line Analysis Processing，OLAP）和数据挖掘（Data Mining，DM）等新技术，DW＋OLAP＋DM 逐渐形成新决策支持系统的概念。新决策支持系统的特点是从数据中获取辅助决策信息和知识，完全不同于传统决策支持系统用模型和知识辅助决策。

把数据仓库、联机分析处理、数据挖掘、模型库、数据库、知识库结合起来形成的决策支持系统，即将传统决策支持系统和新决策支持系统结合起来的决策支持系统是更高级形式的决策支持系统，成为综合决策支持系统（Synthetic Decision Support System，SDSS）。综合决策支持系统发挥了传统决策支持系统和新决策支持系统的辅助决策优势，从而实现更有效的辅助决策。

由于 Internet 的普及，网络环境的决策支持系统将以新的结构形式出现。决策支持系统的决策资源，如数据资源、模型资源、知识资源，将作为共享资源，以服务器的形式在网络上提供并发共享服务，为决策支持系统开辟一条新路。网络环境的决策支持系统是决策支持系统的发展方向。

知识管理（Knowledge Management，KM）与网格计算都与决策支持系统有一定的关系。知识管理系统强调知识共享，网格计算强调资源共享。决策支持系统是利用共享的决策资源（数据、模型、知识）辅助解决各类决策问题，基于数据仓库的新决策支持系统是知识管理的应用技术基础。在网络环境下的综合决策支持系统将建立在网格计算的基础上，充分利用网格上的共享决策资源，达到随需应变的决策支持。

二、决策支持系统的组成

决策支持系统基本结构主要由四个部分组成，即数据部分、模型部分、推理部分和人机交互部分（图 6-1）。数据部分是一个数据库系统。模型部分包括模型库（MB）及其管理系统（MBMS）。推理部分由知识库（KB）、知识库管理系统（KBMS）和推理机组成。人机交互部分是决策支持系统的人机交互界面，用以接收和检验用户请求，调用系统内部功能软件为决策服务，使模型运行、数据调用和知识推理有机地统一，有效地解决决策问题。

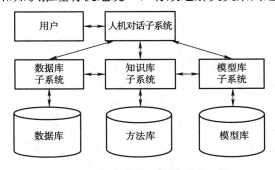

图 6-1　决策支持系统的基本结构

（一）人机对话子系统

人机对话子系统是 DSS 的用户和计算机的接口，在操作者、资源库之间起着传送、转换命令和数据的重要作用，其核心是人机界面。DSS 由于不了解系统内部的使用情况，因此用户接口对系统的成败有举足轻重的影响，DSS 维护人员也需要方便的工作环境。

从系统的使用和维护两个角度，人机对话子系统的要求为：使用户了解系统可提供的数据、模型及方法；对请求输入有检验与容错能力，并能进行提示与帮助；使用户取得或选择某种分析结果或预测结果；根据反馈结果对模型提出评价及修正意见；能以图形及表格等输出信息、结论及依据。

（二）数据库子系统

DSS 数据库应该有内置的和外部的两部分：内置数据库存放直接使用的信息和分析结果，外部数据库是逻辑上连接的各种 MIS 的数据库。数据库管理系统是一组管理数据的软件，也是与 DSS 其他子系统交互的接口。数据库系统的数据字典用于描述与维护各数据项的属性、来龙去脉及相互关系。

现在，数据仓库被引入 DSS，一些大型的分析类 DSS 建立在数据仓库上。数据仓库的数据组织、查取和利用方式与管理决策涉及面广、相关因素多，因此能为分析与决策提供有力的支持。

（三）模型库子系统

模型库子系统是构建和管理模型的软件系统，是 DSS 中最复杂与最难实现的部分。DSS 用户依靠模型库中的模型进行决策，因此 DSS 被认为是由"模型驱动的"。模型库子系统主要由模型库、模型库管理系统和模型字典等部分组成。

应用模型获得的输出结果分别起三种作用：一是直接用于制定决策；二是对决策的制定提出建议；三是用来估计决策实施后可能产生的后果。

（四）知识库子系统

知识库子系统是有关规则、因果关系及经验等知识的获取、解释、表示、推理以及管理与维护的系统，包括知识库管理系统、知识库及推理机。知识库在逻辑上是人类知识的模型，在物理上是储存知识的设施。知识库的概念产生于专家系统，现在已广泛地应用于各类信息系统和知识系统中。

第二节　排球智能决策支持系统的设计

一、智能决策支持系统对排球赛事决策的意义

近年来，数据挖掘技术和智能决策技术已成为计算机领域的研究热点，并在体育运动中得到广泛运用。在积累大量的运动员成长和选材、训练和比赛等

方面的真实数据的基础上，通过对数据进行整理、分析、挖掘可得到隐藏的知识和规则，服务于体育选材、体育训练、赛事战术决策，帮助运动员取得更好的成绩，帮助管理者对运动队进行科学的管理。

过去，在排球项目竞赛过程中，教练员的各种决策更多地停留在主观意志的层面上，对于情报信息的分析及各种训练控制决策的制定，主要还是依赖教练员的各种思维活动及经验基础来完成的。随着现代信息技术的不断发展，决策支持系统中模型库的开发和利用，在排球项目科学化训练和赛事中将成为一种必然的趋势。

排球比赛的看点不仅在于运动员的速度、力量、对抗、激情和高超娴熟的技术，以及良好的意识和过人的身体素质，也在于赛事过程和赛事结果的悬念。球赛越激烈，结果悬念越大，球迷就越想预测球赛的结果。然而，球迷对球赛结果的预测基本上都是基于主观推断，有时还受个人对球队或运动员偏好的影响，预测的科学性、准确性往往较差。球队中核心运动员的作用如何，人们常说的主场优势是否显著，在职业联赛的季后赛与常规赛的主要影响因素分别是什么，这些都是体育界专业人士和广大球迷关心的热门话题。

当前国内学者在球类项目制胜规律、技战术特征、训练特征、体能特点及临场比赛分析等领域进行了一定的探索，为提高球类项目训练、比赛水平提供了一定的智力支持。但受研究时间和研究目的的限制，尚未从系统和整体的视角对球类项目竞赛过程进行研究。

"决策科学化是体育工作的关键。"实现竞技体育"奥运争光计划"的战略目标，提高我国竞技运动训练决策科学化水平，是竞技体育发展的当务之急。随着管理科学、运筹学、决策分析技术、数据挖掘等学科理论逐步渗透到体育领域，对运动员在比赛中的所得数据进行挖掘成为竞技体育比赛获胜的关键。因此，比赛不再是全靠实力的比赛，也是一种智慧的比拼。

通过大数据的搜集、分析、挖掘和处理，设计开发排球智能决策支持系统，以求提高我国球类项目竞赛过程的科学化和智能化水平，逐步做到动态评价比赛过程，准确判定运动员比赛负荷，以此增强临场决策的有效强度，为运动员更好地把握比赛过程、提高比赛效率提供支持和服务。

排球智能决策支持系统试图充分利用各种统计分析方法对其进行较深入的研究，目的在于通过对中国排球协会（CVA）的球队战绩影响因素的统计建模分析，为排球队在比赛中进行运动员技战技能评价、战术配合、比赛成绩预测提供决策支持。

二、排球智能决策支持系统的系统功能

排球智能决策支持系统将根据各个排球运动员在排球联赛的各项技术指标

得分和运动素质指标，选择排球队在排球联赛中的应派出的排球队员。具体功能有评价队员的技战水平、运动队的技战水平，预测运动队成绩，挑选上场队员。

（一）各类队员技战水平的评价模型

根据 TOPSIS 方法评价主攻队员的技战水平，计算克莱托指数、HB（拦网高度与身高的差）指数、HS（扣球高度与身高的差）指数；结合克托莱指数、HB 指数、HS 指数、TOPSIS 分数评价队员综合能力；评价二传的技战水平和综合能力；评价自由人的技战水平和综合能力；评价替补队员的技战水平和综合能力。

不同类型队员的技术侧重点不一样，采用的评价指标和指标权重也不相同。主攻和替补队员的技战水平采用扣球、拦网、发球、防守、接发球、传球指标评价，自由人采用防守、传球、接发球指标评价，二传采用发球、防守、传球指标评价。

用每个指标的得分率、失误率、一般率综合起来能更加精确地评价队员的竞技能力，所以将 TOPSIS 方法进行改进。假设某类队员可用 m 个指标进行评价，每个指标的权重为 w_j，第 i 个队员的第 j 个指标的得分率、失误率、一般率分别用 p_{ij1}、p_{ij2}、p_{ij3} 来表示，得分率、失误率、一般率的理想解分别用 p_{j1}^+、p_{j2}^+、p_{j3}^+ 来表示，得分率、失误率、一般率的最差解分别用 p_{j1}^-、p_{j2}^-、p_{j3}^- 来表示，则第 i 个队员的水平与理想水平的差为：

$$D_i^+ = \sqrt{\sum_{j=1}^m w_j \big[(p_{ij1} - p_{j1}^+)^2 + (p_{ij2} - p_{j2}^+)^2 + (p_{ij3} - p_{j3}^+)^2 \big]}$$

第 i 个队员的水平与最差水平的差为：

$$D_i^- = \sqrt{\sum_{j=1}^m w_j \big[(p_{ij1} - p_{j1}^-)^2 + (p_{ij2} - p_{j2}^-)^2 + (p_{ij3} - p_{j3}^-)^2 \big]}$$

则每 i 个队员的竞技能力的 TOPSIS 分数为：

$$Topsis_i = 10 \times \frac{D_i^-}{D_i^- + D_i^+}$$

若第 i 位队员是无失误、发挥最好的，则 $Topsis_i = 10$，若第 i 个队员水平是最差的，则 $Topsis_i = 0$。每个指标的权重 w_j 采用人工神经网络来预测。

（二）队员综合实力的评价模型

基于多目标决策模型对排球队综合能力进行评价。将每个队主力队员的克托莱指数的平均值作为球队主力的克托莱指数分数，HB、HS、TOPSIS 的分数都如此处理。

由于场上不同位置队员的克托莱指数、HB、HS、TOPSIS 数据的取值范围不一致，难以进行综合评分，所以将这四类指标全部规范化以便于综合评价。克托莱指数、HB、HS、TOPSIS 规范化公式为：

$$x_i' = \frac{x_i - \min_{1 \leqslant i \leqslant n}(x_i)}{\max_{1 \leqslant i \leqslant n}(x_i) - \min_{1 \leqslant i \leqslant n}(x_i)}$$

各类队员综合能力的得分为各队队员克托莱指数、HB、HS、TOPSIS 的规范化分值的总和，即：

综合值＝规范化克托莱指数＋规范化 HB＋规范化 HS＋规范化 TOPSIS

（三）运动队综合实力的评价

设置主力、二传、自由人、替补在比赛中的重要性权重，根据各类队员的权重和综合评分，采用加权平均法计算各队综合得分。得分越高，球队的综合实力越高，排名越靠前，根据得分的大小预测各队的比赛排名。

假设每类球员的综合评价值为 x_i，每类球员对球队的影响权重为 w_i，则球队综合实力的分值 y 的计算公式为：

$$y = \sum_{i=1}^{4} w_i x_i$$

三、系统功能结构图和信息流程图

综合数据挖掘方法、分析模型和评价模型，设计出基于数据挖掘的排球智能决策支持系统，如图 6-2 所示。

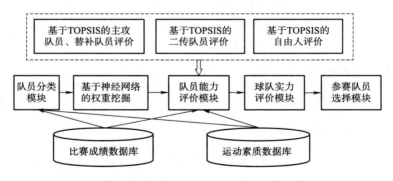

图 6-2　排球智能决策支持系统的功能结构和信息流程

基于数据挖掘的排球智能决策支持系统由基于 K-means 聚类的队员分类模块、基于 TOPSIS 的队员能力评价模块、基于多目标决策的比赛结果预测模块、参赛队员的选择模块、比赛成绩数据库和队员运动素质数据库构成。

（1）比赛成绩数据库。比赛成绩数据库存储了所有运动员在比赛期间的数据。例如，扣球得分、扣球一般、扣球失误、拦网得分、拦网一般、拦网失误、发球得分、发球一般、发球失误、防守得分、防守一般、防守失误、传球得分、传球一般、传球失误、接发球得分、接发球一般、接发球失误等数据。

（2）运动素质数据库。运动素质数据库存储了所有运动员的身高、体重、扣球高度、拦网高度，计算克托莱指数、HB 指数、HS 指数等基础运动素质数据。

（3）队员分类模块。基于 K - means 聚类的队员分类模块，从比赛成绩数据库中取出比赛期间队员的扣球、拦网、发球、防守、传球、接发球等数据，采用 K - means 聚类方法自动将所有运动员分类，运动员可分为主攻队员及替补队员、二传、自由人三类。

（4）权重挖掘模块。基于神经网络的权重挖掘主要功能有两个方面：一是每位队员的竞技指标的权重挖掘，二是每个球队综合评价时主攻、替补、二传、自由人四类运动员综合值的权重挖掘。

（5）队员能力评价模块。基于 TOPSIS 的队员能力评价模块，根据队员分类结果，采用不同的指标对运动员评价。主攻队员和替补队员采用扣球、拦网、发球三个类别的指标进行评价，二传采用发球、传球、防守三个类别的指标进行评价，自由人采用防守、传球、接发球三个类别的指标进行评价。评价时设定每个指标的理想值和最差值，采用 TOPSIS 方法计算每位队员的TOPSIS 得分。从运动素质数据库中取出克托莱指数、HB 指数、HS 指数，与 TOPSIS 得分一起综合评价运动员能力，得出每位队员的综合得分。

（6）球队实力评价模块。基于多目标决策的比赛结果预测模块，首先设定每类运动员在比赛中的重要性权重，根据设定的权重与每位队员的综合得分，采用多目标决策方法计算每个球队的综合评分，根据综合评分的大小预测球队在比赛中的排名，综合评分越大，排名越靠前。最后将球队排名预测结果呈现给用户。

（7）参赛队员选择模块。参赛队员选择模块的作用是根据球队综合值的计算，将参与综合值计算的队员呈现出来，根据每位队员的综合能力选择参赛队员。

第三节　排球智能决策支持系统的开发

一、数据库的建立

本系统主要建立 3 个基本信息表和 5 个数据处理结果存储表。3 个基本信息表包括队员的基本信息表、队员生理和运动素质基本信息表、队员赛事数据表。5 个数据处理结果存储表包括队员竞技能力计算表、队员综合指标数据表、竞技指标权重表、球员各项竞技指标权重表、球队综合指标权重表。

队员信息表存储队员的个人基本信息，字段包括所属球队、编号、姓名、出生年月、球员类别（主攻、二传、自由人、替补）等基本信息。

队员生理和运动素质基本信息表存储与体育竞技能力相关的信息，字段包括所属球队、编号、身高、身高、体重、扣球高度、拦网高度等。

队员赛事数据表存储队员在比赛中的技能表现数据，字段包括所属球队、编号、扣球得分数、扣球失误数、扣球一般数、拦网得分数、拦网失误数、拦网一般数、发球得分数、发球失误数、发球一般数、防守得分数、防守失误数、防守一般数、传球得分数、传球失误数、传球一般数、接发球得分数、接发球失误数、接发球一般数等。

队员竞技能力计算表存储由队员赛事表数据算出的各项指标的得分率、失误率、一般率、队员的 TOPSIS 分值。

队员综合指标数据表存储队员各项竞技能力指标数值，字段包括所属球队、编号、克托莱指数、HB 指数、HS 指数、TOPSIS 分数。

球员各项竞技指标权重表存储由神经网络模拟计算出来的指标权重，字段包括球员类别、扣球权重、拦网权重、发球权重、防守权重、传球权重、接发球权重。

球队综合指标权重存储由审计网络模拟计算出来的反映各类球员重要性的权重，字段包括主攻权重、二传权重、自由人权重、替补权重。

二、界面及功能的开发

（一）系统开发工具

为了方便快捷地实现功能，便于用户使用，本系统采用 JavaScript 语言编程实现。JavaScript 是一种直译式脚本语言，是一种动态类型、弱类型、基于原型的语言，内置支持类型。它的解释器被称为 JavaScript 引擎，为浏览器的一部分，广泛用于客户端的脚本语言，用来给 HTML 网页增加动态功能，为用户提供更流畅美观的浏览效果。

（二）开发要求

开发软件机型及 CPU 型号：Dell Inspiron Intel core i3；

内存要求：512 M；

主要适用机型及 CPU 型号：Dell Inspiron Intel core i3；

外存要求：3 G；

终端要求：14 英寸以上的显示屏；

其他外设要求：无；

源程序量：792；

支持环境名称及版本号：Windows 7；

编程语言名称及版本号：JavaScript global XLSX；

程序存储媒体：U 盘；

主要适用行业：体育产业；

主要用途：排球运动员和运动队的评价，运动队的排名预测。

（三）排球智能决策支持系统的界面开发

1. 上传数据文件

上传数据文件界面如图 6-3 所示，点击"选择文件"，上传队员各项指标分数、运动素质数据。

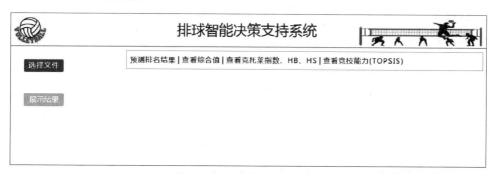

图 6-3　上传数据文件界面

2. 查看评价结果

本系统可以查看四种计算结果：查看队员竞技能力（TOPSIS），查看克托莱指数、HB 指数、HS 指数，查看球队综合评价值、查看球队预测排名。

（1）查看队员竞技能力（TOPSIS）。点击图 6-4 中"查看竞技能力（TOPSIS）"，选择队员类型，如选择"主力队员"，就可以查看主力队员的竞技能力。本界面可以查看主力队员、二传、自由人、替补队员的竞技能力。

排球智能决策支持系统

| 预测排名结果 | 查看综合值 | 查看克托莱指数、HB、HS | 查看竞技能力(TOPSIS) |

主力球员 ▼

球队	号码	姓名	TOPSIS(竞技能力)
上海	1	戴御尧	5.0465006
上海	5	张奕宸	5.4278892
上海	11	SavaniCristian	5.4464514
上海	13	陈龙海	5.3954448
上海	15	Scott Touzinsky	4.7324846

图 6-4　查看竞技能力结果

（2）查看克托莱指数、HB、HS指数。点击图6-5中"查看克托莱指数、HB、HS"，选择队员类型，如选择"主力队员"，就可以查看主力队员的各项指数。本界面可以查看主力队员、二传、自由人、替补队员的各项指数。

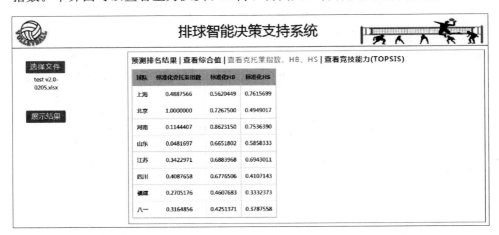

图6-5　查看克托莱指数、HB、HS指数

（3）查看球队综合实力评价值。点击图6-6中"查看综合值"，便可查看各队的实力评价，其中包含了各队主力、二传、自由人、替补队员的综合能力评价值。

排球智能决策支持系统

预测排名结果｜查看综合值｜查看克托莱指数、HB、HS｜查看竞技能力(TOPSIS)

球队	主力综合值	二传综合值	自由人综合值	替补综合值	加权综合值
上海	2.1159216	2.7706443	3.2192901	3.0271336	2.7601191
北京	2.8942267	2.0674380	1.7055317	3.3060269	2.4546205
河南	1.9714659	2.5882435	1.9012077	2.1044811	2.1003470
山东	2.0920748	1.1803795	2.5822340	2.2194083	2.0822502
江苏	1.4466601	2.1367905	2.2995743	1.4498621	1.8412008
四川	2.7002392	1.0431224	2.1539721	0.5945863	1.7838051
福建	1.6872984	1.1927036	1.7424481	1.2507316	1.5176110
八一	1.8490197	1.5636802	0.5723055	1.5375018	1.3466340

选择文件
test v2.0-0205.xlsx

展示结果

图6-6　查看球队综合实力评价值

（4）查看球队预测排名界面。点击图6-7中"预测排名结果"，便可查看系统预测的各队排名。根据预测的各队的排名，可以提前制定应对的战术策略，以便在实际比赛中取得更好的成绩。

图 6-7　查看球队预测排名

第四节　裁判决定审查系统

在体育比赛过程中，需要裁判来裁决运动员的犯规、得分等，但由于赛事过于激烈、快速，裁判员视线被遮挡、观察不及时、存在主观判断等情况，可能出现误判。随着摄影技术、计算机技术的进步，一些公司基于 AR 和 VR 技术设计了裁判决定审查系统，以辅助裁判做出客观的、正确的裁决。因而，裁判决定审查系统又被称为第三方裁判。

一、AR 和 VR 技术

（一）AR 技术

1. AR 技术简介

AR（Augmented Reality）即增强现实技术，是一种全新的高级的人机交互技术。AR 技术可以模拟真实的现场景观，使用者通过 AR 系统不但能够感受到在客观物理世界中的真实情景，而且可以突破空间、时间以及其他客观限制感受到在真实世界中无法亲身经历的体验。

为了呈现逼真的现实环境，AR 系统需要通过分析大量的定位数据和场景信息来保证由计算机生成的虚拟物体可以精确地定位在真实场景中，因此 AR 系统的工作原理包含以下四个基本步骤。

（1）通过设置在多个位置上的摄像机全方位地摄取真实场景信息。

（2）对真实场景和相机位置信息进行分析。采用图形系统根据相机的位置信息和真实场景中的定位标记来计算虚拟物体坐标，并仿射变换为相机视平面的坐标。

（3）按照仿射变换矩阵在视平面上绘制虚拟物体，生成虚拟景物。

（4）合并视频或直接显示虚拟场景。直接通过光学透视式头盔显示器（Optial See - Through Head - Mounteal Display，S - HMD）显示或与真实场景的视频合并后，一起显示在普通显示器上。

在 AR 增强现实系统中，成像设备、跟踪与定位技术、交互技术是 AR 系统的基本支撑系统。AR 是对真实世界的补充，而不是完全替代真实世界。随着计算机技术的发展，AR 技术将逐渐成为下一代人机接口技术发展的主要方向之一。

2. AR 设备

要达到 AR 的虚拟和实际结合，使用者必须通过某种设备来观看虚拟场景。早期通过头戴式设备 HMD（Head - Mounted Display）来观看虚拟场景，技术大概分成光学式与影像式两种。光学式是一种透明的装置，如谷歌眼镜，使用者可以直接通过这层透明装置看到真实世界的影像，然后会有一些另外的投影装置把虚拟影像投射在这层透明装置上。影像式是不透明装置，使用者看到的是由电脑处理好、已经虚实结合的影像。

智能手机改变了 AR 的样貌。头戴式设备比较麻烦，而智能手机同时具备电脑计算能力、录影、影像显示，还有 GPS、网络连线、触控、倾斜度侦测等的额外功能，于是以智能手机为平台的 AR 系统设计越来越多。

由于 AR 应用是一个虚拟与现实结合的应用，需要借助计算机图形和可视化技术，产生现实环境中不存在的虚拟现象，并通过传感技术将虚拟对象准确放在真实环境中，再使用显示设备将虚拟现象与真实环境融为一体。因而，AR 系统包含了计算机系统、视频输入转换系统、人机交互系统、动作捕捉跟踪系统、视频显示系统、传感系统等系统。

一套高质量的 AR 系统既需要符合要求的高质量硬件，还需要一套完整、成熟的软件。只有这两个条件同时达到，再加上丰富的技术和实际应用的经验，才能呈现完美的用户体验效果。

3. AR 技术在体育中的应用

AR 已经渗透到教育、制造、零售和医疗保健等各个领域。在体育中实施 AR 技术可为体育迷提供娱乐体验，还能为教练和球员提供重要的分析，以提高他们的比赛技巧。

（1）现场决策。AR 技术正在全球各种体育赛事中得到运用，它改善了运动员和观众在竞技场上的体育体验。AR 技术减少了人为错误，可以改变有争议事件的判定结果并提供公平竞争的机会。即使是判定者一个人为失误，也会对所涉及的球员或球队造成巨大的影响。因而，AR 技术提供了审查判定者可能错误判断的能力。AR 解决方案在全世界的体育赛事中得以实施。

AR 技术在体育运动中的广泛应用之一是鹰眼系统。鹰眼是一种基于计算机的 AR 解决方案，可用于网球、羽毛球、足球和排球等众多运动。该技术在视觉上跟踪球或其他物体的轨迹，以预测物体最可能的路径。鹰眼技术近乎完美的准确性辅助裁判进行判决，能够减少裁判的失误，增加比赛的公平性。

教练和协助人员也可以利用 AR 来指导运动员并实时提出比赛策略。与采用传统的纸笔记录方法相比，AR 提供了一种更现实、更形象的方法。

（2）体育训练。体育训练是每位职业运动员职业生涯的重要组成部分。运动员一直在寻求改进自己的比赛以获得更好的成绩的方法。AR 可以在现实环境中叠加运动员的数据，也可以将数据合并到预先录制的视频中，以便运动员更好地了解自己的比赛风格，从而帮助其提高比赛水平。运动员可以在训练中利用 AR 来纠正自己的动作并采用更好的技术。AR 技术还可用于研究对手采用的策略并提出对抗策略。

AR 技术还最大限度地减少了运动员受伤的概率。可以使用 AR 技术来分析运动员采用的训练方式。如果 AR 系统证明某种训练方式对运动员的身体造成损伤，则运动员可以放弃该训练方式。因而，AR 技术可以帮助运动员最大限度地减少受伤的概率，从而延长职业运动员的职业生涯。

（3）广播。目前，重大的体育赛事都是在全世界范围内播放。AR 技术可以为观众提供引人入胜的播放形式，并为电视台、网络视频平台带来更多流量。在电视和网络视频平台上转播的大多数体育赛事已经嵌入了 AR 技术，以 3D 图形和其他交互式方式进行转播。体育广播公司可以最大限度地利用 AR 技术对比赛进行深入分析。专家可以将他们的经验和知识数据用 AR 技术叠加在视频回放上，使得观众能够更好地了解比赛。许多大型的体育广播公司，如美国 ESPN（Entertainment and Sports Programming Network，即娱乐与体育节目电视网）和 Fox 体育公司，已经在体育广播节目中实施了 AR 技术。

（4）营销学。任何体育赛事都需要出色的营销工具才能成功，体育和广告必须齐头并进。运动员、团队和组织者的主要收入来自赞助和产品营销。公司在体育赛事期间有很好的机会推销其产品。由于赛事在电视或网络平台上被全世界的人们所观看，赛事转播变成了一种向全球观众展示产品的绝佳媒介。AR 技术可以实现引人入胜的互动广告。在体育广告中实施 AR 技术可以使每个展台、宣传册、赛事海报、体育场更具娱乐性。此外，AR 技术还可以帮助公司访问有关客户的信息，这些信息有助于做出广告决策以使广告活动更具个性化。在体育中使用 AR 技术可以模拟球迷的参与度，以增加企业的销售量。

AR 在营销用例中特别强大，这是因为目前地球上有近 30 亿启用了 AR 的智能手机。将 AR 整合到 Snapchat、Facebook、Instagram 和 TikTok 等大众消费类应用程序中，也使该技术得以大规模应用。仅在 Snapchat 上，每天就有 2.1 亿活跃用户。由于观众人数众多以及 AR 体验的吸引力，大型促销活动以及涉及赞助商的产品和商品的活动已变得非常普遍。

（5）虚幻运动。虚幻运动越来越受欢迎。企业可以将 AR 解决方案整合到他们的虚幻运动应用中，从而为用户提供引人入胜的体验。AR 系统使用地理定位技术，使用户能够在其现有半径内定位将要在虚幻队中进行选拔的球员。可用播放器将通过随机专有算法移动到用户的半径内。他们将能够在其最喜欢的球员上设置警报，以便在他们最喜欢的球员出现在他们的半径内时得到通知。

（二）VR 技术

1. VR 技术简介

VR（Virtual Reality），即虚拟现实，是由美国 VPL 公司创建人拉尼尔（Jaron Lanier）在 20 世纪 80 年代初提出的。VR 技术是一种能够创建和体验虚拟世界的计算机仿真技术，它利用计算机生成一种交互式的三维动态视景，其实体行为的仿真系统能够使用户沉浸到该环境中。

VR 技术综合了计算机图形技术、计算机仿真技术、传感器技术、显示技术等多种科学技术，在多维信息空间上创建一个虚拟信息环境，能使用户具有身临其境的沉浸感，能与环境竞选友善的交互，并有助于启发构思。所以说，沉浸—交互—构想是 VR 环境系统的三个基本特性。VR 技术的核心是建模与仿真。

2. VR 技术在体育中的应用

VR 技术可用于体育场馆仿真，以便提前展示真实场馆风貌、辅助审批设计、规避设计投资风险。VR 技术也可以用于虚拟训练。

VR 技术公司 Beyond Sports 与阿森纳（Arsenal）等足球队合作，为运动员建立了身临其境的训练体系。青年球员通过 VR 技术体验比赛场景，可以提高青年球员的战术知识。美国国家橄榄球联盟（NFL）采用 VR 技术帮助球员在伤病恢复的过程中以较慢的速度训练，以规避受伤球员不能回到体育场上训练但又不能完全不参与训练的问题。

运动员可以坐在椅子上，采用 VR 技术进行 20 次重复练习，并像在练习场上一样练习比赛（图 6-8）。英国体育表演总监西蒙·蒂姆森（Simon Timson）表示，在模拟的专业环境中进行重复练习的有效性有助于运动员提高记忆力并增强信心。VR 技术已广泛用于滑雪、田径、棒球和一级方程式等项目的训练中。

3. AR 和 VR 的区别与联系

（1）AR 与 VR 的区别。AR 技术是在通过拍摄现实环境而即时生成模拟的虚拟环境，所生成的虚拟环境是现实环境的还原，与现实环境几乎没有任何

图 6-8　基于 VR 技术的训练模拟

差别。而 VR 技术是直接对现实环境进行仿真，前期可不用拍摄现实环境，直接利用计算机图形技术进行仿真。

（2）AR 和 VR 的联系。虽然 VR 系统可不用拍摄现实环境，但为了达到逼真的效果，提高用户的体验感和虚拟环境的真实性，VR 系统可根据 AR 系统所拍摄的现实环境图片来设计虚拟环境。因而，AR 技术和 VR 技术可以相辅相成、相互支持。

二、鹰眼系统

（一）鹰眼系统的简介

AR 技术在体育运动中的广泛应用之一是鹰眼系统。鹰眼技术在视觉上跟踪球或其他物体的轨迹，以预测物体最可能的路径，可以辅助裁判员做出正确的裁决。鹰眼技术近乎完美的准确性已成为赛事组织者的首选方案，可用于板球、网球、足球、羽毛球、排球、投掷、橄榄球等众多运动。

鹰眼技术极大地减少了人为错误，可以很精确地给出结果并提供公平竞争的机会。即使是判定者的一个人为失误，也会对所涉及的球员或球队造成巨大的影响。鹰眼技术提供了审查判定者可能错误判断的能力。鹰眼技术并非万无一失，但会精确到 3.6 毫米以内，通常被公认为是运动中公正的第二意见。

该技术于 2001 年首次在板球比赛中使用，现已应用到棒球、纳斯卡赛车、网球、冰球等 20 多种体育活动之中。许多球迷已经非常熟悉鹰眼系统，该系统可跟踪球的轨迹并将其覆盖在球场上（图 6-9）。

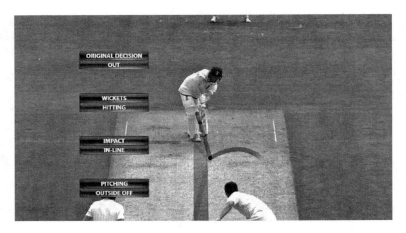

图 6-9　板球中的鹰眼系统

（二）鹰眼系统的处理步骤

鹰眼系统的运作包括七个步骤：摄像机校准、开始处理、球的识别、几何算法、球的 3D 定位、球的追踪、预测球的飞行轨迹。

1. 摄像机校准

摄像机看到球场和球的距离取决于每个场地的尺寸，并且可能会有很大的变化，摄像机校准就是要解决摄像机与比赛区域的距离不均匀的问题。例如，对于板球场，使用 6 个摄像头。这些摄像机被放置在场地周围，大致位置如图 6-10 所示。6 个摄像头彼此相隔 60°，它们被放在看台的高处，这样它们的视线被挡住的可能性变得非常小。整个比赛场地必须由 6

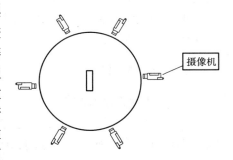

图 6-10　板球场的摄像机位置

个可用的摄像头覆盖其中。有 2 个摄像头，每个摄像头都从侧面直接注视着边门。这 6 个摄像头根据它们与球场的距离进行校准。为了获得良好的精度，需要将每个摄像头的视图限制在一个较小的区域内。这意味着每个摄像头图像将显示一个突出的球的图片，因此球的位置将更准确。

2. 开始处理

关于球的轨迹的原始数据可能太多，加上一个统计生成器可以使统计结果更容易处理和理解。此外，统计生成器还可以帮助存储数据，如球的平均速度。这些数据是至关重要的，因为它可以帮助球检测算法在给定前一幅图像中的位置的情况下预测球的大致位置。

3. 球的识别

为了在每台摄像机拍摄的每幅图像中识别球的像素，将使用一种算法在获得的图像中找到对应球的像素。要实现这一点，必须使用的信息是球的大小和形状。知道球的大致大小，我们就可以排除其他圆形物体，如球员戴的头盔等。球的阴影在形状和大小上也会与球相似，因此它是表示与球本身对应的一组像素。

4. 几何算法

每个摄像机的数据和坐标是通过在鹰眼系统内部工作的几何算法获得的。每台相机拍摄的图像只是一个二维图像，缺乏深度。知道了摄像机在空间中的确切位置（相对于球场）以及这些摄像机拍摄的多个图像中球的位置和坐标，就可以通过几何算法准确地确定球在三维中的位置。我国的学者采用计算机视觉技术、LabVIEW 平台、MATLAB 软件等实现对数据的计算处理以及三维场景的构建，通过棋盘格模板的摄像机标定算法对拍摄的网球运动轨迹图像处理得到离散中心点，通过对中心点的高斯拟合获取平滑的网球运动轨迹曲线，完成网球虚拟三维场景的搭建。

5. 球的 3D 定位

几何算法被用来查看多个图像，以获得球在三维空间的坐标。这个过程每秒重复多次（通常为 100 次/秒），以此便得到球在三维空间中各个时刻的位置。

6. 球的追踪

在之前建立的几何模型上，根据球场、地面和边门的位置确定不同时刻球的位置，将不同时刻的位置绘制成点。当按正确的顺序观察时，这些点会说明在最后一次击球时球的轨迹。通过在三维空间中绘制这些点，可以预测球的飞行轨迹。

7. 预测球的飞行轨迹

最后一步是处理这些点的多个位置，并找到一个合适的拟合曲线以最能描述球的飞行。由于鹰眼系统在很短的时间间隔内对球的位置进行了采样，因此可以非常精确地确定球的飞行轨迹，如网球飞行轨迹（图 6 - 11）。

三、裁判决定审查系统

（一）裁判决定审查系统简介

裁判决定审查系统（Umpire Decision Review System，UDRS or DRS）是在使用鹰眼技术的基础上进行裁决的体育裁判决策支持系统，以帮助进行比赛裁判。现场裁判员可以选择咨询第三位裁判员（称为"裁判员评论"），并且运动员可以要求第三位裁判员考虑对现场裁判员的决定（称为"选手评论"）。

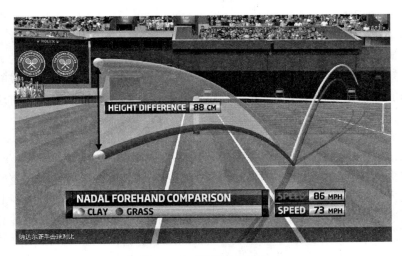

图 6 - 11　网球飞行轨迹

　　早期使用的裁判决定审查系统是运用电视重播，但电视重播也难以跟踪球的路径并预测其动作。后期加入了鹰眼技术，可以更加精准地判断球的飞行轨迹。

　　自 1992 年 11 月以来，比赛裁判员已经能够将某些决定转介给第三位裁判员，但这时是试用电视转播技术。以鹰眼技术为基础的正式的 DRS 系统于 2008 年首次用于比赛中。

（二）裁判决定审查系统的构成

　　裁判决定审查系统中的组件有电视回放、鹰眼系统、定向麦克风、红外成像系统。电视回放包括慢动作回放。鹰眼系统可绘制球的运动轨迹，以预测球的落点，判断是否得分。定向麦克风用于检测球击中球棒或打击垫时发出的微小声音。红外成像系统用于显示球与球拍接触的位置。

第七章

CHAPTER SEVEN

基于数据挖掘的体育商品销售系统

第一节　电子商务的数据挖掘算法

一、数据挖掘

数据挖掘是人工智能和数据库领域研究的热点问题，所谓数据挖掘是指从数据库的大量数据中揭示出隐含的、先前未知的并有潜在价值的信息的过程。数据挖掘的结果可用于支持决策，分析方法基于人工智能、机器学习、模式识别、统计学、数据库、可视化技术等。数据挖掘分析出的行业趋势、消费者偏好等信息能够帮助管理者制定应对的决策，还可以为消费者推荐符合消费者偏好的商品，帮助商家提高销量。

二、数据挖掘算法在电子商务中的应用

电子商务是指以信息网络技术为手段，以商品交换为中心的商务活动；也可理解为在互联网、企业内部网和增值网上以电子交易方式进行交易和提供相关服务的活动，是传统商业活动各环节的电子化、网络化、信息化。以互联网为媒介的商业行为均属于电子商务的范畴。

电子商务中为消费者推荐商品、为消费者提供消费建议的数据挖掘算法主要是推荐算法。推荐算法从总体上可以分为两类：一类是挖掘出偏好相似的客户群，将偏好相似的客户群中经常购买的商品推荐给未购买过此商品的客户，这种算法被称为协同过滤算法；另一类是根据用户以往的购买记录和浏览记录中的商品，为用户推荐与之相似的商品，这种推荐算法被称为协同过滤推荐算法。在电子商务中经常将这两种算法结合起来使用，并融入人工智能、机器学习等算法，以求为客户推荐更加精准的商品。

电子商务推荐系统是在大数据环境下进行的，而大数据挖掘应在云计算框

架下进行，云计算依托 Hadoop 框架，采用 MapReduce 函数实现计算功能。电子商务的推荐算法也应建立在云计算平台上，设计云计算平台下的动态推荐系统，采用云计算的相关技术实现用户和项目聚类，挖掘关联规则，将降低计算维度，提高计算效率，改善推荐精度，不仅能实现同类产品的推荐，还能实现关联产品的推荐。

第二节　体育用品网上销售系统

一、体育用品网上销售系统的功能构成

电子商务日益兴盛，为网络购物带来了便利。网络购物成为人们购物的主要方式。网上销售占有很大的销售份额，如何有效地管理网上销售的信息，成为网络销售取得成功的关键。当电子商务网站为用户提供了海量的商品信息时，用户需要花费大量的时间和精力在大数据环境下选择自己偏好的产品，这给用户造成了不堪忍受的负担。根据用户的浏览信息和评价信息分析用户偏好，构建用户偏好模型计算商品对用户的效用，为用户推荐效用高的商品，可以减少用户搜寻偏好商品所花费的时间和精力。

传统推荐算法以用户相似度和内容相似度为基本原理预测用户对商品的评分，但没有探索用户对商品偏好的细节原因以及心理估值和评价，特别是没有针对用户个性化的心理偏好，分析每个商品属性对用户的感知价值，为用户提供心理感知价值高的商品。该系统结合人工智能中规划决策层的原理和内容，从个人偏好、个人思维、个人价值感知、个人决策模式入手，模拟用户的个人决策过程，分析用户偏好变动规律，根据用户对商品属性的偏好来管理商品属性，目的是为了将来根据用户个人决策模式和偏好变动特性实时地向其推荐符合个人偏好的商品，辅助用户做出购买决策，做好数字营销和精准营销。

在此以服装为例设计了体育商品网上销售系统。网上销售系统包含三个子系统：后台管理系统、在线实时推荐系统、基于云计算的动态推荐系统。其结构如图 7-1 所示。

图 7-1　体育用品网上销售系统的结构

后台管理系统的功能是存储和维护商品信息、消费者（用户）信息、管理

员信息，具体包括相关信息的录入、查看、修改、删除等功能。

在线实时推荐系统的主要功能是根据用户当时浏览的信息为用户推荐符合其偏好的商品。

基于云计算的动态推荐系统的主要功能是根据用户的购买记录和浏览记录，预测用户将来的需求，根据预测的需求给用户推荐商品。

二、体育用品网上销售系统的数据库

在体育用品网上销售系统中构建四个数据库：服装商品数据库、用户行为记录数据库、用户偏好数据库、管理员信息数据库。

（1）服装商品数据库。它储存所有属性信息、属性值信息、产品项目信息。首先将属性值转化为离散型数值，记录项目属性值向量。然后将属性值转化为基因，使用二进制编码将每个项目转化为一个"染色体"。

（2）用户行为记录数据库。它记录用户的基本信息，用户浏览的商品编号，记录用户浏览每个项目所用的时间。

（3）用户偏好数据库。它计算出用户偏好的属性值集合，储存用户偏好数据。

通常情况下，用户只浏览查看自己偏好的项目，偏好的项目中包含了用户偏好的属性值。用户浏览查看的多个项目中，某属性值出现的频率越高，用户就越偏好该属性值，该属性的用户感知价值就越高。因而可以充分利用用户浏览查看的多个项目中属性值出现的频率，根据分项提取法原则确定属性值效用和属性权重。根据项目属性值在浏览查看的多个项目中出现的频数推测属性权重和属性值效用。根据每个用户的浏览行为，提取用户的属性值效用。若用户浏览数目小于或等于12时，采用遗传算法计算属性权重；若用户浏览数目大于12时，则采用频数离散度算法计算属性权重。根据属性值效用和属性权重构造用户效用函数。

（4）管理员信息数据库。它用于记录管理员的基本信息和权限信息。

三、后台管理系统功能

后台管理系统功能结构如图7-2所示。该系统包含管理员信息管理、商品信息管理、用户信息管理三个功能。

基于顾客感知价值的在线实时推荐系统有五个功能模块：用户行为处理模块、效用函数构建模块、个人效用推荐模块、遗传算法寻优模块和协同过滤推荐模块等。各模块的功能及处理流程如下。

（1）用户行为处理模块。它记录和存储用户浏览查看的项目数据，将用户浏览信息存入用户行为记录数据库。

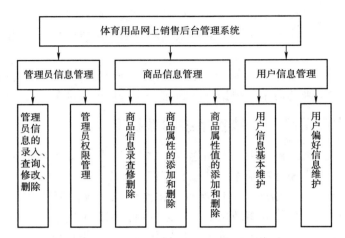

图 7-2　体育用品网上销售后台管理系统功能结构

（2）效用函数构建模块。它从用户行为记录数据库中抽取用户浏览过的项目，挖掘属性权重和属性值效用，构造用户的多属性效用函数，将属性权重、属性值效用、效用函数存入用户效用数据库。

（3）个人效用推荐模块。它从用户效用数据库中提取用户效用函数，计算项目对用户的效用，将效用大的项目按照销量等级和好评比例排序，推荐给用户，将用户浏览过的项目效用存入用户效用数据库。

（4）遗传算法寻优模块。该模块从用户行为记录数据库提取用户浏览过的项目，将其作为初始种群，从用户效用数据库提取用户的效用函数。作为个体的适应度函数，设定选择遗传、交叉、变异的算子，确定终止代数，运行遗传算法，得到适应度最大的属性基因组合，抽取用户偏好的属性值集合，存入用户偏好数据库。

（5）协同过滤推荐模块。该模块从用户偏好数据库提取用户偏好的属性值集合，从用户效用数据库提取效用函数和用户效用，基于效用相似度函数计算两个用户的相似度，寻找目标用户的最近邻，预测最近邻点击查看或购买项目对用户的效用，将预测效用大的项目按照销量等级和好评比例进行排序，推荐给目标用户。

四、后台管理系统的界面设计和操作说明

体育用品的信息管理和用户管理系统能够便于商品信息的输入、修改、储存和管理，便于网店营业者维护商品信息和顾客信息。

（一）管理员登录

管理员输入用户名、密码和验证码，即可登录系统。登录界面如图 7-3 所示。

图7-3 登录界面

登录后可进行后台系统的管理。管理员登录后，系统管理页面出现（图7-4）。系统页面包含三大功能：商品和用户进入管理，在"智能推荐"菜单中可实现；后台系统的管理菜单功能的添加以及管理员权限的设置，在"系统管理"菜单中可实现；后台用户信息管理，在"网站管理"菜单中可实现。点击此页面右上角管理员名称，可出现退出系统和修改管理员密码的功能。

图7-4 系统管理页面

（二）商品及属性管理

1. 商品信息管理

点击图7-4所示页面左上角的"智能推荐"，出现下拉菜单，点击菜单中的"商品管理"，便出现商品管理页面，数据库中的所有的商品名称、标题、描述、原价、售价、图片、状态就可显示出来。其中状态表示了商品库中的商品可售。商品管理页面如图7-5所示。

图 7-5 商品管理页面

（1）编辑商品基本信息。点击图 7-5 所示页面中每个商品左边 ✏ 按钮，则出现商品基本信息编辑页面，在编辑页面上可修改商品名称、商品标题、商品描述、原价、售价、图片、状态等商品基本信息的内容。

（2）商品的属性编辑和修改。点击图 7-5 所示页面中每个商品左边的"属性管理"，便可打开此商品信息详细属性信息的编辑页面。如图 7-6 所示。

图 7-6 商品属性编辑和修改页面

点击图 7-6 所示页面右上角的"属性组管理"，添加这一商品的不同属性。点击"添加属性组"出现属性组的编辑页面，可以添加新的属性组以及新属性组的基本信息，例如，属性组名称、价格、库存、商品名称、状态等。例如，同一款式的服装有不同的颜色，每个颜色可作为一个属性组，每个颜色的商品的名称、价格、库存、状态等信息各不相同。点击属性组的 ✏ 按钮，可编辑属性组所包含的基本信息。

点击某属性组的"编辑属性"，可添加该属性组的详细属性值，包含袖长、袖型、腰型、尺寸、颜色、领型等属性。每个属性的属性值已经列举出来，直接点击选择即可，选择完属性值之后提交，该属性组就会存进数据库。点击"查看属性"，就会显示该属性组的具体属性值。

选中该属性组，点击删除按钮，可删除该属性组。

在"是否可用"中选择"是"，点击"查询"，可显示还有库存的商品属性组；选择"否"，则显示没有库存的商品属性组。

2. 属性管理

（1）属性类别的添加和删除。点击图7-5所示页面左侧的"属性管理"，打开属性类别管理页面（图7-7）。点击属性管理页面的"添加"按钮，可增加新的属性类别，输入属性的类别名称、种类、状态，提交后即可存入新的属性类别。点击每个属性前面的✐按钮，即可修改属性类别的基本信息。

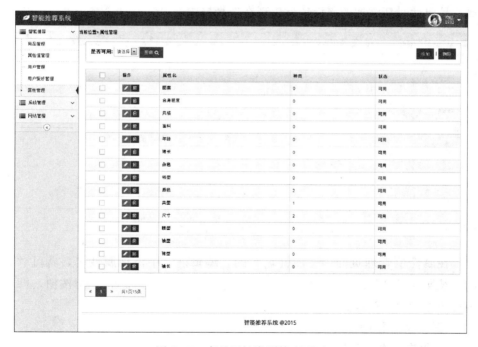

图7-7　商品属性类别管理页面

（2）属性值的添加和删除。点击图7-5所示页面左侧的"属性值管理"，打开属性值管理页面（图7-8），即可编辑、修改、删除属性类别的属性值。

点击"添加"按钮，出现属性值添加页面（图7-9）。点击属性的下拉框，即可选择需要添加属性值的类别，选定属性类别后，在"值"这一栏编辑

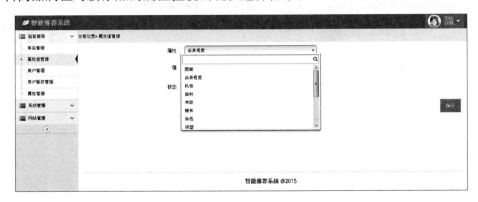

图 7-8　商品属性值管理页面

属性值，在状态栏选择"可用"，属性值即添加成功。属性值添加成功后，编辑商品属性时新添加的属性值就出现在选择框中。

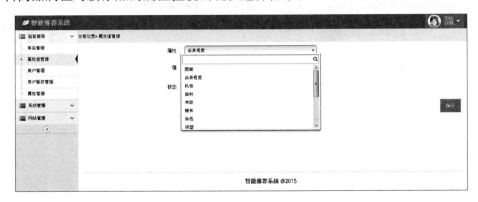

图 7-9　添加商品属性值页面

在属性值管理页面中"属性名"的"编辑框"中添加属性名，就可"查询"某属性类别的所有属性的属性值。点击某个属性值前面的 ✎ 按钮，即可编写或修改属性值信息。

（三）用户管理

1. 用户基本信息的维护

点击图 7-4 所示页面左侧"智能推荐"下的"用户管理"出现用户管理页面（图 7-10）。在此页面上可添加新用户、删除用户、修改用户信息。点击每个用户前面的 ✎ 按钮，出现修改用户基本信息页面，可修改用户信息。点击"删除"按钮，可删除用户。

点击"添加"，出现新用户信息添加页面（图 7-11）。在页面上添加用户

图 7-10　用户管理页面

的账号、密码、年龄等基本信息。点击"保存"，即可保存新用户信息。

图 7-11　用户基本信息修改页面

2. 用户偏好信息维护

点击图 7-4 所示页面左侧"智能推荐"下的"用户偏好管理"出现用户偏好管理页面（图 7-12）。在此页面上可添加、修改、删除、查询已有用户的偏好信息。点击每个偏好前面的 ✏ 按钮，出现偏好修改页面，可修改用户偏好信息。点击"删除"，可删除用户偏好信息。在页面上方的"偏好名称"栏中输入偏好名称，在"用户名称"中输入用户名称，点击"查询"即可查询已有用户的偏好信息。

点击图 7-12 所示页面右上方的"添加"，出现用户偏好信息添加页面

图 7-12　用户偏好信息管理页面

（图 7-13），在该页面上可添加用户的偏好信息。在"用户"栏选择用户名，在"选择属性"栏选择用户偏好的属性及属性值，在"名称"栏中自动出现属性名称，"值"一栏中出现属性值名称，在"爱好分数"栏添加对属性值的打分，在"权重"栏添加属性权重，在"状态"栏选择"可用"，点击"保存"，即可保存用户偏好信息。

图 7-13　用户偏好信息编辑页面

（四）管理员（后台用户）信息及权限管理

1. 新管理员信息及权限的添加

点击图 7-4 所示页面左侧的"网站管理"，出现后台用户管理页面（图 7-14）。在页面中输入管理员的账号、姓名，选择角色、部门、性别，输入身份证号、办公室电话、移动电话、电子邮箱、住址等用户基本信息。输入基本属性后，点击"添加"，即可将新用户添加到页面左边的管理员表中。

图 7-14　后台用户管理页面

2. 管理员信息的修改

在图 7-14 所示页面中，点击管理员信息表中的任一管理员，出现管理员信息修改页面，可修改管理员的基本信息。点击"修改"可保存已修改的信息，点击"删除"可删除管理员的信息；点击管理员信息前的"密码"，即可修改管理员的登录密码。

3. 权限管理

在图 7-14 所示页面中，点击"系统管理"下的"角色管理"，出现管理员权限设置页面。

4. 添加新管理角色

在上述页面中直接输入新管理员角色的"名称"，选择可查看和修改的"权限菜单"，在"是否可用"中选择"是"，即添加了新的管理角色，配置了查看某菜单并使用菜单中功能的权限。

5. 修改和删除管理角色

在图 7-14 所示页面中，点击页面"系统管理"下的"角色"管理，即可查看此管理角色的名称及权限配置信息，在显示的信息中修改相关信息，然后点击"修改"即可保存修改后的信息。选中某管理角色,点击"删除",即可删除此管理角色。

第三节　在线实时推荐系统设计

一、在线实时推荐系统概述

人工智能(AI)将成为 IT 产业发展的焦点,人工智能能够使计算机模仿人类的思考方式,履行原本只有依靠人类智慧才能完成的复杂任务。推荐系统应结合人工智能中规划决策层的内容,模拟用户的个人价值观念、思维模式、购买决策过程,辅助用户做出购买决策,做好数字营销和精准营销。现有的基于效用推荐算法要求用户对属性值效用和属性权重评分,构建用户效用函数,根据效用函数计算项目对用户的效用,将效用大的项目推荐给用户。基于效用推荐算法的推荐精度比基于内容推荐算法的推荐精度高,不存在协同过滤推荐算法的数据稀疏、冷启动、超高维问题,但增加了用户评分负担,不能实时更新用户效用函数,这些问题限制了基于效用推荐算法的推广。

因而,本节基于顾客感知价值理论,模拟用户个人价值感知模式和购买决策过程,根据用户实时的浏览行为,设计在线实时的多属性效用推荐算法,实现推荐的智能化和实时化,减少用户评分负担,提高推荐精度和系统效率。该算法依据网络购物情境下顾客感知价值理论构建效用函数,采用实时的用户浏览信息,根据用户浏览项目中属性值出现的频数和浏览时间,采用频数离散度和遗传算法设计了两种效用函数构建算法,针对不同的浏览数目可采用不同的效用函数构建方法,以此设计多属性效用的推荐算法和多属性效用协同过滤推荐算法,用于减少用户对属性评分的负担和时间消耗,提高效用函数挖掘的实时性和准确度,改善了传统协同过滤推荐算法的推荐质量。该算法突破了基于效用推荐算法的应用限制,即使是针对一次性购买行为,也可以利用购买商品之前所浏览的多个商品信息挖掘出实时的用户效用函数,实现准确的基于效用推荐。

二、在线实时推荐系统流程设计

基于顾客感知价值形成的核心属性而设计效用函数,采用频数离散度或遗传算法根据用户浏览行为在线实时挖掘出用户效用函数,设计出基于顾客感知价值的在线实时推荐系统,系统流程如图 7-15 所示。

基于顾客感知价值的在线实时推荐系统的运算流程说明如下:

第一步,将项目属性数据进行预处理。根据顾客感知价值的构成提取项目

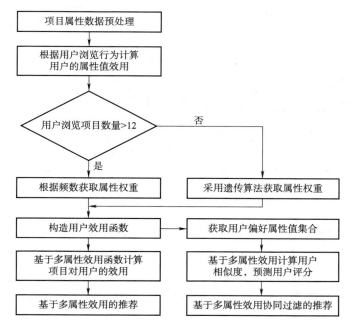

图 7-15 基于顾客感知价值的在线实时推荐系统流程

的内在核心属性和重要外在属性，将属性值离散化处理，确定属性值集合，将项目表示为属性值构成的向量。

第二步，挖掘用户效用函数。根据每个用户的浏览行为，提取用户的属性值效用。若用户浏览数目小于或等于 12 时，采用遗传算法计算属性权重；若用户浏览数目大于 12 时，则采用频数离散度算法计算属性权重。根据属性值效用和属性权重构造用户效用函数。

第三步，产生推荐。该系统产生两种推荐，一种是直接根据用户效用函数计算每个项目对用户的效用，将效用大的项目推荐给用户；另一种是根据用户效用函数的相似性，搜寻最近邻，预测最近邻浏览过的项目对用户的效用，将预测效用大的项目推荐给用户。这两种推荐结果兼顾了用户的个人偏好和最近邻的偏好，提高了推荐结果的产品目录覆盖率。

三、在线实时的推荐系统结构设计

在线实时推荐系统的结构如图 7-16 所示。该推荐系统中构建了四个数据库：项目数据库、用户行为记录数据库、用户效用数据库、用户偏好数据库。

（1）项目数据库。它储存所有属性信息、属性值信息、产品项目信息。首先将属性值转化为离散型数值，记录项目属性值向量。然后将属性值转化为基

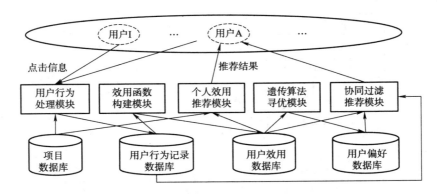

图 7-16　在线实时推荐系统的结构

因，使用二进制编码将每个项目转化为一个"染色体"。

（2）用户行为记录数据库。它记录用户浏览的项目编号，记录用户浏览每个项目所用的时间。

（3）用户效用数据库。它记录用户的属性值效用和属性权重，构造效用函数。

（4）用户偏好数据库。它由遗传算法计算出用户偏好的属性值集合，储存用户偏好数据。

第四节　基于云计算的动态推荐系统设计

一、基于云计算的动态推荐系统概述

电子商务推荐系统根据用户历史购买记录和评分记录，帮助用户在海量的商品信息中搜寻符合个性化需求的产品。基于协同过滤的推荐、基于内容的推荐和基于效用的推荐等传统推荐系统将用户历史信息看作静态信息，假设用户偏好不随时间变动，从而挖掘出稳定的偏好模型。然而，在实际购物环境中，用户偏好在短时期内不发生变动，但是在长时期内会发生变动，应根据顾客感知价值的变动特性，在未来恰当的时刻推荐恰当的产品，实现动态推荐和精准营销。

在电子商务规模不断扩张的情况下，用户和产品数量数以亿计，海量的信息增加了推荐系统的运算量，为了提高运算效率，推荐系统以离线方式将用户和项目聚类，大幅度提高了系统效率。此外，以离线方式在用户聚类中寻找最近邻，挖掘最近邻购物篮中的频繁项集，将关联产品动态推荐给用户，可以提高推荐系统的产品目录覆盖率，实现电子商务的交叉销售和配套销售。

因此，为了提高现有动态推荐算法的推荐精度和系统效率，本节首先基于直觉模糊时间序列分析顾客感知价值的变动特性，预测顾客感知价值，设计基于顾客感知价值的离线动态推荐算法；改进模糊 C^- 均值聚类算法（FCM）的有效性，提高离线动态推荐算法的系统效率；融合关联规则挖掘和模糊聚类设计了关联产品的离线动态推荐算法，最后构建了云计算框架下的动态推荐系统。

二、云计算的动态推荐系统设计

随着电子商务网站规模的扩大，用户信息和产品信息成指数增长，协同过滤推荐算法、用户聚类算法、关联规则算法的计算量和系统开销越来越大，计算效率越来越低，而用户对系统响应速度的要求却越来越高。虽然各种高效推荐算法不断涌出，但计算效率的提升空间越来越小。所以对推荐系统的改进，应结合云计算方法，协调平台存储能力，提高推荐算法的性能和扩展性。

云计算是并行计算和分布式计算的延伸和商业化，是一种能够动态伸缩的虚拟化资源，客户通过互联网要求云计算提供所需的资源和服务，但无须知道云计算基础设施的管理方式和运算模式。云计算是提供动态资源和虚拟计算的下一代计算平台，可靠性高、扩展性好。

Hadoop 是一种应用批处理技术的开源云计算平台，它采用分布式数据存储、迁移代码而非迁移数据的机制，处理大量数据时不需要大量的数据传输。采用 Hadoop 平台开发分布式应用，用户不需知道如何分割数据、如何调度任务、如何管理节点之间的通信等复杂的相关事务，只需专注于应用流程和算法的开发。

Hadoop 平台由分布式文件系统 HDFS 和分布式批处理框架 MapReduce 构成，不仅能够存储不断增长的海量数据，还能对数据进行并行化处理，提高算法性能和系统的响应速度，使个性化推荐系统更能适应海量数据的发展要求。

HDFS 负责大规模文件的存储和管理，能够存储成指数增长的海量数据；MapReduce 负责任务的调度，并行处理海量数据，提供了分布式应用开发接口，降低了并行编程难度，充分利用网络系统中每台服务器的计算能力，提高了算法的效率和扩展性。

本文基于 MapReduce 设计了基于顾客感知价值的动态推荐系统，系统结构如图 7 - 17 所示。

三、MAP 函数和 Reduce 函数的设计

用于云计算的 MAP 函数和 Reduce 函数设计如下。

（1）用户属性值效用和属性权重预测的 MapReduce 函数。用户效用 MAP

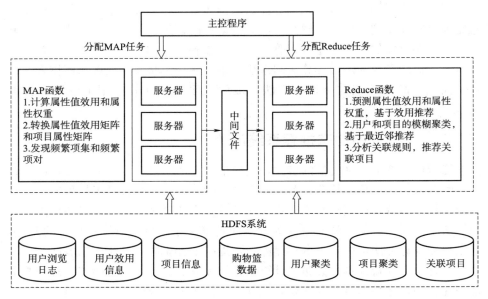

图 7-17　基于云计算的动态推荐系统结构

函数从用户浏览日志中取出 t 时刻的浏览记录，计算用户属性值效用和属性权重，输出用户属性键值对 $(a_{j,k}, u^t_{i,j,k})$ 和 $(j, w^t_{i,j})$。其中 j 表示第 j 个属性的编号；Reduce 函数把 MAP 函数输出的键值对作为输入值，根据直觉模糊时间序列预测属性值 $a_{j,k}$ 在 $t+1$ 时刻对用户 I 的效用，以及 $t+1$ 时刻属性 j 的权重。项目效用计算 MAP 函数计算项目对用户的效用，输出项目对用户效用的键值对 $(P_j, MAU_{i,j})$，产生推荐。

（2）用户聚类和项目聚类的 MapReduce 函数。用户聚类 MAP 函数从用户效用信息中取出 t 时刻的用户属性值效用，输出顾客感知价值矩阵键值对 $(i, u^t_{i,j})$，i 表示用户编号；项目聚类 MAP 函数从项目信息中取出 t 时刻在售项目，输出项目属性键值对 $(j, p^t_{j,k})$，j 表示项目编号。用户聚类 Reduce 函数采用 FCM 算法将用户聚类，输出用户类型的键值对 (i, CO_k)，CO_k 表示用户所属的聚类；项目聚类 Reduce 函数采用 FCM 算法将项目聚类，输出项目类型的键值对 (j, PO_k)，PO_k 表示项目所属的用户类别。项目效用 MAP 函数计算项目聚类中心的项目对用户聚类中心的用户的效用，搜寻对用户聚类效用大的项目聚类，输出 (i, j)，项目效用 Reduce 函数根据 (i, j)，计算项目聚类中 PO_j 中的项目对用户聚类 CO_i 中的效用，输出项目对用户效用的键值对 $(P_j, MAU_{i,j})$，产生推荐。

（3）关联规则的 MapReduce 函数。频繁项 MAP 函数提取用户聚类的购物篮数据，生成关联项目频繁项，输出频繁项集 $(J, 1)$，其中 J 表示频繁项集。频繁项对生成 Reduce 函数，将频繁项两两配对，生成候选集。关联项目生成 MAP 函数，计算候选集中频繁项对的可信度，搜寻关联项目，输入频繁项对 (j_1, j_2)。关联项目推荐 Reduce 函数，根据可信度大小，将关联项目排序，产生推荐。

四、基于云计算的动态推荐系统的优势

基于云计算的动态推荐系统包括离线动态推荐算法、基于模糊聚类的同类产品动态推荐算法、基于关联规则的关联产品动态推荐算法。首先基于直觉模糊时间序列，将顾客感知变动规律分为稳定型、有规律非稳定型、无规律非稳定型。稳定型顾客感知价值采用滑动平均预测方法预测属性值效用，非稳定型顾客感知价值采用直觉模糊时间序列预测属性值效用。在预测属性值效用的基础上，采用布尔矩阵法将用户和项目进行初始聚类，确定用户和项目的聚类数，并确定每个用户聚类中心和项目聚类中心。根据确定的聚类数，采用 FCM 算法对其他用户和项目聚类，在聚类的基础上搜寻最近邻，实现项目推荐。融合模糊聚类和频繁项集分析，设计基于关联规则挖掘的推荐算法，用于实现交叉销售和配套销售。动态推荐系统的优势有以下三方面。

（1）根据用户偏好的变动规律进行推荐。用户对不同属性值偏好的变动规律是不同的，应根据不同变动规律采用不同的效用预测方法。若效用时间序列为稳定时间序列，则采用滑动平均预测，预测精度最高；若效用时间序列为非稳定时间序列，则采用直觉模糊时间序列预测属性值效用，预测精度最高。非稳定有规律效用时间序列，采用 3 期直觉模糊时间序列预测精度最高；非稳定无规律效用时间序列，采用 4 期区间直觉模糊时间序列预测精度最高。基于顾客感知价值的动态推荐技术比多属性效用的推荐技术和基于偏好变动率推荐技术的推荐精度高。

（2）提高推荐效率。顾客感知价值构成相似的用户对产品的偏好是相似的。对属性值效用偏好相似的用户应归为一类，属性相似的项目应归为一类。偏好相似的用户将会偏好同一类的项目。根据模糊矩阵先对少部分用户和项目进行模糊聚类分析，确定聚类数；再根据确定好的聚类数目，对所有项目和用户进行 FCM 算法聚类，聚类的有效性更高。基于模糊聚类的动态推荐系统，减少了用户相似度和偏好项目集的计算量，减少了系统计算时间，提高了推荐效率。

（3）提高推荐精度。顾客感知价值构成相似的用户对关联产品的价值感知也是相似的。基于关联规则的推荐技术向用户推荐了关联产品。实验证明，关联产品的推荐提高了推荐的产品目录覆盖率。基于频繁项集挖掘的关联产品推荐比基于多属性效用协同过滤的推荐精度高。

第八章

CHAPTER EIGHT

基于物联网的智慧体育
系统设计

第一节　基于物联网的智慧体育系统

一、数字体育

数字体育是基于互联网的体育信息化系统，其设计理念是将体育场所内的各种信息数字化、集成化、平台化，通过集成的数字化平台改变体育管理方式、体育训练方式、体育产业运营方式等。数字体育就是将一切与体育有关的事物和业务信息化，基于互联网、大数据等计算机技术分析体育数据，辅助体育管理人员实现自动化的管理，辅助体育训练人员实现科学的训练，提高体育管理和体育训练的效率。

数字体育是互联网、大数据、物联网等数字技术与体育融合形成的产物，数字体育水平则是衡量一个国家体育发展水平的重要标准之一。数字体育除在体育赛事领域应用外，数字体育大数据也渗透到竞技训练、体育彩票、体育营销、体育培训等领域。在竞技训练方面，建立存储包含运动员训练、生理状态、饮食作息、心理状态等信息的数据库，采用数据挖掘技术分析团队和运动员个人的优势及不足，制定科学的、具有针对性的训练方案，为预防运动员伤病、提高运动员表现力等方面提供数据支撑，同时，建立竞争对手的数据库并进行分析，能够做到知己知彼，便于在比赛时采取针对性的作战策略；在体育彩票方面，利用大数据分析能够更加准确地预测比赛的走势与结果；在体育营销方面，建立客户数据库，分析每个客户的特点、需求欲望，能够优化服务水平和营销水平，有利于开展精准营销。

二、智慧体育

智慧体育是数字体育发展的更高级别，是智能化、智慧化的人、机、物相结合的体育信息系统。智慧体育是一个全面的智能感知环境的综合信息服务平台，为客户提供个性化的定制服务。智慧体育的核心特征是智能化，智能化是指由现代通信与信息技术、计算机网络技术、行业技术、智能控制技术汇集而成的针对某一个方面的应用。从感觉到记忆再到思维这一过程称为"智慧"，智慧的结果产生了行为和语言；行为和语言的表达过程称为"能力"，两者合称"智能"。智能化设备就是具有感知能力、思维能力、学习能力、决策能力的硬件设备。智能化的物联网是由智能化设备和互联网组成的网络，是信息技术革命第三次浪潮质变的产物。

物联网技术已广泛应用于可穿戴体育设备、体育场馆等领域。在可穿戴体育设备方面，物联网技术的发展带动了智能运动手环、智能眼镜、智能运动服装等智能体育用品的发展，且智能体育用品逐渐成为体育用品发展的必然趋势；在体育场馆方面，基于物联网技术的智能安防系统、智能票务系统、智能电子显示系统等方面的应用使体育场馆管理更加智能化。

目前已经提出并付诸实施的智慧体育系统主要有智慧体育公园系统、智慧社区健身系统、智慧场馆管理系统。

（1）智慧体育公园系统。智慧体育公园是以智慧城市为理念，为公众打造的智能化的公共健身场地。智慧体育公园集成智能健身步道、智能健身器材，让公众实时了解自己的健身强度、健康状况，鼓励公民进行科学的健身，有助于政府了解大众健身状况。智慧体育公园结合户外健身运动场地特点，将物联网、移动互联网、移动通信和云计算等新兴信息技术集成起来，实现精细化和动态化公众健身管理体系的建成。

（2）智慧社区健身系统。智慧社区健身系统在社区中安装智能健身和体质监测设备，收集公众健康数据，基于大数据挖掘技术了解公众的体质、健康状况，实现全民大健康数据互联互通，实现公众体质监测，对公众进行科学的健身指导，为实现体育强国搭建智能化管理平台。

（3）智慧场馆管理系统。搭建智慧体育场馆管理运营平台，通过智能化监控设备，收集场馆使用数据、投入数据，基于大数据分析的结果，为提高场馆管理效率、提高场馆利用率、降低场馆维护费用、增加场馆效益提供决策支持。

三、数字体育与智慧体育的区别

数字体育的"数字"是通过国际互联网进行全球性的信息交流，核心内容是"数字化"，交流的对象是人。而智慧体育是通过全球的物联网实现信息交流，核心内容是"智能化"，交流的对象已经不仅仅是人，更多的是"物"。智慧体育是多学科的交叉，是传感技术、物联网技术、大数据技术、信息安全技术以及光纤技术的综合。

"智能化"是信息技术经过"数字化"充分的发展，产生了质变而形成的，因此"数字"与"智慧"有质的区别。然而，数字体育与智慧体育也是密不可分的。数字体育是互联网时代的产物，互联网是物联网的基础，物联网是互联网的延伸；没有互联网的基础，物联网无从产生。因此，智慧体育是建立在数字体育基础上的，也致力于解决体育信息化问题。

智慧体育不仅是智能硬件和 App，更是现代经营理念、科学管理方法与新技术的融合。它以智能化、数字化为基础，提升场馆运营投入产出比，提升赛事 IP 价值，改善公众整体的体育健身参与度，完善体育产业链条。

未来体育发展的核心在于"以人为本"，智能化体验、数字化服务将进一步增强，将继续突破体育发展的瓶颈，更好地为民众提供便利服务。当前，我国正处于推进体育强国战略的重要时期，国家大力支持智能体育装备、"互联网＋体育"、智慧体育场馆等数字体育产业的发展，数字技术将成为推动我国加快实现体育强国梦的有力武器。

四、智慧体育的应用——智能体育健康管理系统

新时代背景下，科学的健身是满足人民日益增长的美好生活需求的重要支撑条件之一。然而，不科学的运动方式和过度运动会引发肌肉损伤、关节变形、心功能损伤、缺铁性贫血、运动性血尿蛋白尿、运动性哮喘等疾病。目前，居民对健身方式的认知不尽科学，出现了很多不规范、易造成损伤的健身方式，以致损害居民健康。

2019 年 1 月，国家体育总局与国家发改委联合发布《进一步促进体育消费的行动计划（2019—2020 年）》，其中提出要大力推行《国家体育锻炼标准》，引导和支持社会力量开发不同人群的体育技能培训课程，充分借助互联网、大数据等手段，提供形式多样、有针对性的运动处方和健身指导。2019 年 8 月，国务院发布《体育强国建设纲要》，提出要建立面向全民的体育运动水平等级标准和评定体系，要运用物联网、大数据、云计算等技术，提升智慧化全民健身公共服务能力。

我国"十四五"规划中提出要全面建设健康中国，居民健康应以防范为主、治疗为辅。科学的健身方式是促进健康的主要方式。面对各种健身方法和运动项目，究竟哪一种健身方式适合自己，如何科学地选择运动项目和健身方式，这对居民来说是一个难题。基于大数据挖掘和物联网的智能体育健康管理系统可以随时随地收集所有居民的健身、健康数据，采用大数据挖掘的聚类算法和推荐算法，实时监控居民的健康状况，向居民推荐个性化的体育健身方式。

五、物联网在智能体育健康管理系统中的应用

物联网是利用网络和各种传感设备收集各种信息，将人与人、人与物、物与物相连，实现智能化的远程管理控制。5G 网络的数据传输量高达 10 G/秒，网络响应时间低于 1 毫秒，超高的传输量和超低的网络响应时间加速了物联网的发展。利用 5G 技术和物联网技术，能够将居民、可穿戴设备、智能步道、智能健身器材、智能健身场馆等链接起来，为智能体育健康管理系统收集数据，并将系统推荐的科学健身方式推送给居民。物联网在健身数据收集和信息输出方面具有以下两方面的独特优势。

（一）多端口的数据收集

收集居民健身行为数据和健康状况数据是构建智能体育健康管理系统的基础。有了真实的、海量的大数据，才能采用数据挖掘技术精准构建科学健身方式的推荐模型。物联网通过可穿戴装备、智能健身器材、智能步道、智慧场馆等收集居民运动数据。

可穿戴设备已经广泛应用于体育活动中。用于体育的可穿戴设备有智能手环、智能运动鞋、智能头带、智能服装等。可穿戴设备常与手机、电脑、电子屏等显示设备相连，以便用户查看数据。可穿戴设备通常用于收集用户的心率、运动时间、运动强度、消耗的卡路里、肌肉乳酸堆积量等数据。

智能健身器材在健身和体能训练中应用较多。智能健身器材装备各种传感器、控制器、计算模型、显示器用于收集和显示用户运动时的心率、阻力、爆发力、运动时间、身体部位的动作轨迹、消耗的卡路里等数据。根据这些数据，我们可以分析用户健身动作的规范性、健身方式的科学性。

智能步道由智能硬件、云平台、小程序组成。智能硬件主要由人流量探测系统、智能互动大屏、健康心率柱、体质检测屋等组成。智能步道可以实时收集在步道上运动的居民数量、居民运动步数、居民运动时间、消耗的卡路里等数据。

智慧场馆是实现网络覆盖的智能化体育场馆。目前，智慧场馆用于收集用户健身数据的设备和智能步道的设备相似，都是通过接触式装备和小程序来实现的。未来，在 5G 网络的支持下，智慧场馆应通过红外设备、移动信号、定位系统、VR 和 AR 技术自动收集每位居民的运动数据。

（二）多端口的信息输出

通过物联网能够将居民健康的评估结果和个性化的科学健身方式推送给居民，信息输出的端口除了传统的电脑、手机、电视，还有可穿戴设备、健身器材的显示屏、公用的智能互动屏幕、VR 和 AR 设备等。

可穿戴设备一般都配置小型的显示屏。未来，装载有全息影像技术的可穿

戴设备将以立体的形式更加形象地显示居民健康的评估结果，会更加逼真地呈现规范的科学健身方式，将居民的运动轨迹与标准的运动轨迹进行对比，让居民对自己的错误动作有深刻、形象的了解。

健身器材的显示屏会及时地显示居民健身数据曲线，让居民看到自己生理特征、肌肉乳酸堆积量、韧带承受力量、疲劳程度随运动时间和运动强度变化的曲线，从而了解自己在运动时的生理极限，有效地预防运动所造成的肌肉损伤、关节损伤、骨骼损伤和运动疾病。

公用的智能互动屏幕可显示大众健康统计数据、大众健身统计数据、个人与他人比较的健身数据等。通过了解自己的健身排名，激发居民的运动竞争意识，提升居民的运动成就感，让居民享受健身的快乐，养成良好的健身习惯。

使用 VR 设备，可以模拟居民健身动作，将其与标准动作进行对比，让居民形象地看到自己动作的错误，并预测在错误动作下可能产生的运动损伤和慢性疾病。居民采用 AR 设备能够模仿标准动作，纠正错误动作，达到更好的健身效果。

第二节　基于大数据挖掘和物联网的智能体育健康管理系统

一、大数据挖掘在智能体育健康管理系统中的应用

大数据挖掘是从海量数据中挖掘出有价值的信息。大数据挖掘要完成两个任务：一是将各种结构类型的数据进行分类或聚类，将海量的数据分为少数几种类型，这样便于处理，以减少计算量；二是采用预测模型和推荐模型分析数据，找出有用的信息，探寻事物发展的规律，帮助用户做出决策。常用的预测模型有时间序列模型、决策树、贝叶斯分类模型等，常用的推荐算法主要有基于内容的推荐算法、协同过滤推荐算法、基于关联规则的推荐算法、基于效用的推荐算法等。

大数据挖掘技术可以将收集到的海量的居民体育健身和健康数据进行聚类分析和整理，评估居民的健康状况和运动损伤状况。大数据处理技术用于运动损伤的评估，可以提高运动损伤评估的准确性和有效性，并增加运动损伤数据处理的效率。通过预测模型为用户预测可能出现的运动损伤和由过度运动造成的慢性疾病。此外，采用数据挖掘技术可以对人们的健身行为进行分析，以指导体育训练；采用推荐模型可以为用户推荐适合自己的个性化的科学健身方式。

二、基于大数据挖掘和物联网的智能体育健康管理系统的意义

借助互联网技术检测居民体育健康行为，是提升全民健身公共服务能力的

重要环节，是建设健康中国的技术支撑。将物联网和大数据挖掘技术与体育、健康知识、运动医学知识相融合构建智能体育健康管理系统，提高国民体育健康行为评估的精确度，及时、有效地监测居民体育健康行为，为居民提供科学的体育健身指导，能够有效预防疾病的发生，降低医疗费用，从而节省国家的医疗资源。

（一）变革了数据收集方式

现有的智能健身器材、可穿戴设备、健身 App 收集的数据比较单一，不能对居民的身体状况进行全面的分析。在物联网和 5G 网络下，可以通过并入物联网的多种设备全面且实时地收集用户的健康和健身数据，不再需要居民穿戴或使用任何设备，而是直接采用无线的图像收集和分析方式直接获取居民健身数据。

（二）变革了数据处理方式

系统中存储了运动医学的定性数据、海量的用户健身数据，这些数据大多是非结构化的数据，要用数据挖掘中的特别算法来处理这些非结构化的数据，甚至要根据数据的特点设计新的模型和算法，使得分析结果与实际状况相契合，以达到居民健康状况的精准评估，为居民智能推荐个性化的科学健身方式。大数据挖掘变革了数据处理方式，以适应海量的健身健康数据和运动医学数据的处理，提高处理效率。

（三）变革了居民健身方式

由于每个居民的健康状况是不相同的，智能体育健康系统将会推荐个性化的科学的健身方式。每个居民的健身方式都是符合个人的体质健康需要，与其他人的健身方式不尽相同，不再使用千篇一律的健身方法和运动模式。该系统会指导居民采用规范的健身动作，更好地预防运动损伤和慢性疾病。

（四）变革了体质健康的管理模式

以往，政府通过指派专职的工作组，测试居民体质健康状况，这将耗费大量的人力、物力。采用智能体育健康系统实时收集居民的运动健身数据，可以实时监控居民的健身情况，把控居民体质健康状况，了解居民的健身需求，制定符合实际情况的健身引导措施，对每位居民实施精准的健身方式宣传。

三、基于大数据挖掘和物联网的智能体育健康管理系统的功能

基于大数据挖掘和物联网的智能体育健康管理系统有两类用户，一类是参与运动的普通居民，另一类是从事大众体育、大众健康公共管理的工作人员。该系统应包含四个功能：基本信息管理功能、健康状况评估功能、运动损伤和疾病预测功能、科学健身方式推荐功能。

（一）基本信息管理功能

该功能用于管理用户的基本健康信息，具体功能有以下方面：个人基本运动数据的录入和查看（数据包括居民编号、姓名、地区、年龄、性别、体重、项目、持续运动时段、每次运动时间、运动损伤史、既往病史等）、个人体育运动状态数据录入和查看（数据包括个人基本信息、运动时的最大心率、运动时间、运动量、消耗的卡路里、乳酸堆积量等）、个人健身和健康信息导入（居民将微信运动信息、可穿戴智能设备信息、智能健身器材信息自动导入系统）、健身和健康信息统计结果查看（居民每个时期的健身统计图和健康状况统计图）。

（二）健康状况评估功能

该功能可根据居民输入的信息、可穿戴设备和智能健身器材收集的信息和大数据挖掘技术，适时评估居民个人的健康状况。该功能采用预定的健康状况评估模型，根据实时收集的用户的个人基本运动信息和运动状态信息来评估用户在静止时的健康状况和运动时的健康状况。这些预定的健康状况评估模型来自运动医学中的健康评估模型。

（三）运动损伤和疾病预测功能

该功能根据大数据挖掘技术和运动医学模型，预测用户在健身过程中可能出现的运动损伤和疾病。首先采用模糊聚类算法，根据用户的年龄、体重、性别、运动项目、持续运动时段、既往病史六个指标将用户聚类，并分成多个用户类型。然后，采用协同过滤技术和模糊时间序列预测模型预测用户在健身时可能出现的运动损伤和疾病。

（四）科学健身方式推荐功能

该功能基于内容的协同过滤、关联规则等大数据挖掘技术，以及运动医疗模型，根据居民的年龄、性别、体重、既往病史、运动环境等信息，为其推荐科学的体育健身方式，防止居民从事不规范的体育活动，避免造成运动损伤、身体机能疾病、意志品质下降等不良影响，以求提高体育健身对居民健康的促进效果。

四、智能体育健康管理信息系统的子系统

智能体育健康管理系统有两类用户，一类是从事大众体育、大众健康管理的工作人员，另一类是由于健康和体育爱好而参与运动的普通居民。该系统应包含三个子系统：体育健康行为智能监测信息系统、体育健康行为智能评估信息系统和体育运动方式的智能推荐信息系统。其系统功能结构如图 8-1 所示。

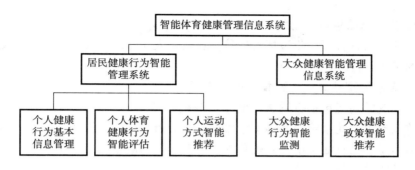

图 8-1 智能体育健康管理信息系统功能结构

（一）居民健康行为智能管理系统

体育健康行为智能管理信息系统的用户为普通居民，居民可以在该系统中开设账户、管理自己的健康信息、评估健康行为水平、获得科学运动方式的建议。具体可分为三类功能：个人健康行为基本信息管理、个人体育健康行为智能评估、个人运动方式智能推荐。

1. 个人健康行为基本信息管理功能

该功能用于管理用户的基本健康信息，具体业务有个人体育健康行为信息录入、个人体育健康行为信息查看、个人体育健康行为信息修改、个人健康信息导入（居民将微信运动信息、电子手环的信息自动导入到系统中）、健康信息统计结果查看。

2. 个人体育健康行为智能评估功能

该功能可根据居民的输入信息、微信运动信息、电子手环信息，基于模糊聚类分析、模糊时间序列预测等数据挖掘技术，适时评估居民个人的体育健康行为水平。

3. 个人运动方式智能推荐功能

该功能基于模糊聚类分析、基于内容的协同过滤等数据挖掘技术，根据居民的年龄、性别、身体机能、工作环境等条件，为其推荐科学的体育运动方式，防止居民从事不规范的体育活动，避免造成身体形态变形、运动损伤、身体机能疾病、意志品质下降等不良影响。

（二）大众健康智能管理信息系统

大众健康行为智能监测系统的用户是从事大众体育、大众健康管理的工作人员，包括政府公职人员、事业单位工作人员、公益机构工作人员。该系统包含的功能有管理员信息管理、大众体育健康行为智能监测、大众体育健康政策智能推荐。

1. 管理员信息管理功能

管理员信息管理功能包括管理员信息的录入、修改、权限设定，以及医师信息的录入、修改、权限设定。

2. 大众体育健康行为智能监测功能

该系统的功能包括查看居民健康数据统计结果、制作居民健康统计报表、获取政策建议。此系统应能够基于模糊聚类分析处理所有被调查居民的体育健康行为信息，在页面中给出可视化的体育健康行为测量指标的统计信息，为制定大众健康政策提出建议。

3. 大众体育健康政策智能推荐功能

根据历史信息预测大众健康的发展趋势，将预测结果以图表或报告的形式显示出来，根据预测结果和居民的体育健康行为统计信息推荐促进大众健康的政策建议。

五、智能体育健康管理系统的数据库

体育健康行为智能管理信息系统数据库应包含用户健康数据库、运动损伤数据库、管理员数据库、体育健康政策数据库。

（一）用户健康数据库

用户健康数据库包括用户基本信息表、用户体育健康行为信息表、用户运动损伤信息表、用户健康水平信息表。

用户基本信息表的字段有用户编码、用户名、登录密码、用户权限、姓名、年龄、性别、所在城市、职业、学历、婚姻状况、联系方式。

用户体育健康行为信息表的字段有用户编码、用户名、身高、体重、运动前心率、运动前血压、运动项目1、运动项目2、运动频率、每次运动时间、运动场所、每月运动费用、参加正规的体育培训、知道正确的动作和技巧、运动前准备活动时间、运动后放松活动时间、运动时的饮水量、运动前是否补充维C和碳水化合物、是否在睡眠充分的状况下运动、是否在过度疲劳的状况下运动、运动意志。

用户运动损伤信息表的字段有用户编码、用户名、运动前的心率、运动前血压、运动中的最大心率、运动强度、运动损伤编码。

用户健康水平信息表的字段有用户编码、用户名、健康观念、体育健康行为水平。

（二）运动损伤数据库

运动损伤数据库的字段有运动损伤编码、运动损伤名称、治疗建议。

运动损伤治疗建议表的字段有运动损伤编码、治疗建议。

运动方式数据库的字段有项目、年龄、性别、体重、身高、运动项目、运动方式、运动频率、运动强度、运动时间、运动水平（对运动技巧的掌握程度）、能够避免的运动损伤编码。

（三）管理员数据库

管理员数据库的字段有管理员编码、管理员名称、管理权限、姓名、年龄、性别、工作单位。

医师数据库的字段有医师编码、医师姓名、年龄、性别、工作单位。

（四）体育健康政策数据库

现有体育健康政策信息数据库的字段有政策编码、城市编码、政策类型（国家级健康政策、省级健康政策、市级健康政策）、政策内容、政策出台时间、发布政策单位。

政策建议数据库的字段有城市编码、政策编码、政策类型（国家级健康政策、省级健康政策、市级健康政策）、政策内容。

六、基于大数据挖掘和物联网的智能体育健康管理系统的构成

基于大数据挖掘和物联网的智能体育健康管理系统由七层构成（图 8 - 2），分别是用户层、物联网层、通信层、网络层、功能层、规则层、数据层。

（1）用户层。用户层是居民应用界面的集合，用户通过健身 App、微信小程序、健身器材自带的用户界面、电脑网页等与物联网层交互，录入或查看个人信息。

（2）物联网层。物联网层包括可穿戴设备、手机或电脑、智能健身器材、智慧健身场馆、智能步道、AR 和 VR 设备等硬件。硬件设备中预先存储与用户交互的界面程序、健身数据的计算和存储模型，能实现简单的信息查询、评估、预测功能。

（3）通信层。通信层主要包括 4G 和 5G 无线网络。通过无线网络，将用户的信息传入 Internet 网，或者将 Internet 网的信息传给用户。

（4）网络层。网络层为 Internet 网络，遵循国际通用的网络设置和信息传输标准，将用户信息传入预定网站，或者将用户需要的信息从预定网站传入用户界面。

（5）功能层。功能层是智能体育健康管理系统的核心部分，该层从数据层获取需要计算的健身数据，从规则层选择适当的运算规则对数据进行计算，获得运算结果后将健康状况评估信息、运动损伤及疾病预测信息、科学的健身方式等推荐信息通过网络层、通信层、物联网层推送给用户。

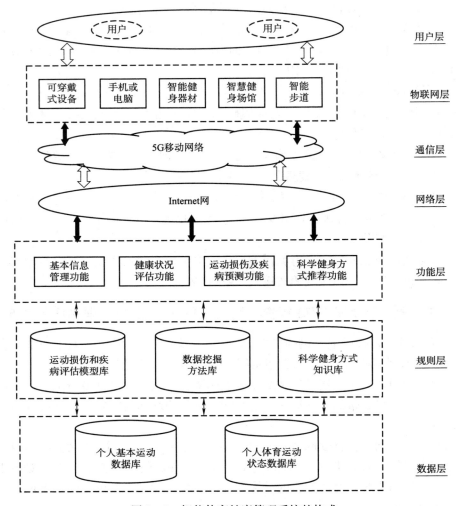

图 8-2　智能体育健康管理系统的构成

（6）规则层。规则层是智能体育健康系统的智能化部分，包含运动损伤和疾病评估模型库、数据挖掘方法库、科学健身方式知识库等。运动损伤和疾病评估模型库存储运动损伤和评估模型，基于运动医学已有的研究成果以及数据挖掘的结果，根据用户的年龄、性别、体重、静止时心率、运动时心率、持续运动时段、既往病史等指标评估用户的健康状况，预测可能出现的运动损伤和疾病。数据挖掘方法库存储了各种聚类算法、推荐算法、时间序列预测算法、遗传算法等，用以推测可能出现的运动损伤和疾病。科学健身知识库存储运动医疗的专业知识和标准的健身动作，与数据挖掘算法结合推荐科学的健身方案。

（7）数据层。数据层存储用户运动信息，包含个人基本运动数据库、个人体育运动状态数据库两个数据库。个人基本运动数据库存储用户的年龄、性别、体重、静止时心率、运动周期、运动时间、运动项目、运动损伤史等基本数据。个人体育运动状态数据库存储用户运动时的最大心率、运动时消耗的卡路里、运动时间、运动量、运动时乳酸堆积量、运动时肌肉和骨骼受重等数据。

参考文献 REFERENCES ///////////

［1］黄梯云，李一军. 管理信息系统［M］. 6 版. 北京：高等教育出版社，2016.

［2］李联宁. 信息管理与管理信息系统［M］. 北京：清华大学出版社，2015.

［3］Turban E，Aronson J E，梁定澎. 决策支持系统与智能系统［M］. 杨东涛，钱峰，译. 北京：机械工业出版社，2009.

［4］唐勇，陈晶，李秀龙. 软件复用与面向对象技术的研究［J］. 河北省科学院学报，2001（3）：163-166.

［5］李代平. 面向对象应用技术［M］. 北京：清华大学出版社，2019.

［6］刘平峰，聂规划，陈冬林. 电子商务推荐系统研究综述［J］. 情报杂志，2007（9）：46-50.

［7］曾子明. 信息推荐系统［M］. 北京：科学出版社，2013.

［8］胡新明. 基于商品属性的电子商务推荐系统研究［D］. 武汉：华中科技大学，2012.

［9］Goldberg D，Nichols D，Oki B M，et al. Using Collaborative Filtering to Weave an Information Tapestry［J］. Communications of the ACM，1992，35（12）：61-70.

［10］Burke R. Hybrid Recommender Systems：Survey and Experiments［J］. User Modeling and User‐Adapted Interaction，2002，12（4）.

［11］Jannach D，Karakaya Z，Gedikli F. Accuracy Improvements for Multi-criteria Recommender Systems［C］. Proceedings of the 13th ACM Conference on Electronic Commerce，2012：674 – 689.

［12］Liu R，Tsai Y，Chiu P H. Personalized Recommendation of Popular Blog Articles for Mobile Applications［J］. Information Sciences，2011，181（9）：1552-1572.

［13］胡穆海. 面向动态情境的信息推荐方法及系统研究［D］. 武汉：华中科技大学，2011.

［14］孟祥武，胡勋，王立才，等. 移动推荐系统及其应用［J］. 软件学报，2013，24（1）：91-108.

［15］Oh K，Lee W，Lim C，et al. Personalized News Recommendation Using Classified Keywords to Capture User Preference［C］. South Korea：IEEE Press，16th Advanced Communication Technology（ICACT），2014：1283-1287.

［16］Rafailidis D，Nanopoulos A. Modeling the Dynamics of User Preferences in Coupled Tensor Factorization［C］. Scilicon Vallay：the 8th ACM Conference on Recommender Systems，ACM Press，2014：321-324.

［17］刘晨晨，蒋国银. 基于 DMA 的时间序列模式下顾客行为的个性化推荐［J］. 计算机应用，2007，27（11）：2863-2865，2884.

［18］沈键，杨煜普. 基于滚动时间窗的动态协同过滤推荐模型及算法［J］. 计算机科学，2013，40（2）：206-209.

［19］冷亚军，陆青，梁昌勇. 协同过滤推荐技术综述［J］. 模式识别与人工智能，2014，27（8）：720-734.

［20］林泉，叶迪. 基于顾客需求模式的挖掘：电子商务推荐系统研究的一种新视角［J］. 福建论坛（人文社会科学版），2013（5）：47-52.

［21］Han J，Kamber M，Pei J. 数据挖掘概念和技术［M］. 北京：机械工业出版社，2012.

［22］马瑞敏，卞艺杰，陈超，等. 基于 Hadoop 的电子商务个性化推荐算法——以电影推荐为例［J］. 计算机系统应用，2015，24（5）：111-117.

［23］高献卫，师智斌. 基于 Mahout 的新用户推荐算法的设计与实现［J］. 计算机工程与科学，2015，37（8）：1444-1449.

［24］李少聪，马德，李少琼. 基于大数据的运动损伤程度评估模型［J］. 现代电子技术，2018，41（6）：183-186.

［25］杨宋华. 基于大数据网络的运动损伤评估模型研究［J］. 现代电子技术，2018，41（6）：154-157.

［26］董世彪. 数据挖掘技术在少年健康体育行为应用中的研究［J］. 现代电子技术，2017，40（9）：112-120.

［27］向玮. 穿戴式学生体育运动体质监测系统的设计研究［J］. 电子设计工程，2018，26（15）：158-162.

［28］周立峰. 基于物联网大数据的全民户外健身器材应用管理［J］. 沙洲职业工学院学报，2019，22（1）：16-20.

［29］付晓月. 可穿戴式设备指导科学运动与促进健康的可行性分析［D］. 北京：北京体育大学，2018.

［30］陈康，郑纬民. 云计算：系统实例与研究现状［J］. 软件学报，2009（5）：1337-1348.

［31］罗军舟，金嘉晖，宋爱波，等. 云计算：体系架构与关键技术［J］. 通信学报，2011，32（7）：3-21.

［32］孙其博，刘杰，黎羴，等. 物联网：概念、架构与关键技术研究综述［J］. 北京邮电大学学报，2010，33（3）：1-9.

［33］魏立明，吕雪莹. 物联网技术研究综述［J］. 数码世界，2016（8）：36-37.

［34］Isson J P，Harriott J S. 大数据分析——用互联网思维创造惊人价值［M］. 漆晨曦，刘斌，译. 北京：人民邮电出版社，2014.

［35］Evans J R. 数据、模型与决策［M］. 杜本峰，译. 北京：中国人民大学出版社，2011.

［36］Mike O' Mahony，Sport in the USSR：Physical Culture-Visual Culture［M］. London：Reaction Books，2007.

［37］Kipper G，Rampolla J. Augmented Reality：An Emerging Technologies Guide to AR［M］. Syngress，USA. 2012.

［38］ Vivian Genaro Motti，Kelly Caine. Understanding the wearability of head-mounted devices from a human-centered perspective ［C］. In Proc. 2014 Intl. Symp. Wearable Comp. New York，2014，83-86.

［39］ Collins H，Evans R. You cannot be serious! Public understanding of technology with special reference to "Hawk-Eye" ［J］. Public Understanding of Science，2008，17（3）：283-308.

［40］ 张爱文. 鹰眼系统的应用及其低成本实现 ［J］. 黑龙江工程学院学报（自然科学版），2010，24（3）：39-41.

［41］ 陈彩虹. "鹰眼系统"在比赛中对运动员的影响 ［J］. 现代科学仪器，2018（3）：91-94.

［42］ 周瑾，孟祥印，叶美松. 基于计算机视觉和 LabVIEW 平台的网球鹰眼系统 ［J］. 传感器与微系统，2018，37（7）：102-107.

［43］ 王艾莎. VR 和 AR 技术在冬季体育项目中的应用 ［C］. 2017 科技冬奥论坛暨体育科技产品展示会论文摘要汇编，2017.

［44］ 王艾莎，刘梅，周锐，等. 基于体育迷观赛体验的 VR 和 AR 技术在冬季体育赛事中的应用研究 ［J］. 新媒体研究，2020，6（7）：38-43.

图书在版编目（CIP）数据

体育管理信息系统的设计与开发/邓峰著. —北京：
中国农业出版社，2023.4（2023.8 重印）
ISBN 978-7-109-30570-0

Ⅰ.①体… Ⅱ.①邓… Ⅲ.①体育-管理信息系统-
系统设计 ②体育-管理信息系统-系统开发 Ⅳ.
①G8-39

中国国家版本馆 CIP 数据核字（2023）第 056234 号

中国农业出版社出版
地址：北京市朝阳区麦子店街 18 号楼
邮编：100125
责任编辑：周益平　　文字编辑：李海锋
版式设计：王　晨　　责任校对：吴丽婷
印刷：北京中兴印刷有限公司
版次：2023 年 4 月第 1 版
印次：2023 年 8 月北京第 2 次印刷
发行：新华书店北京发行所
开本：700mm×1000mm　1/16
印张：11.5
字数：220 千字
定价：68.00 元
